GUIARAMA

Tarragona y PortAventura

ANAYA TOURING CLUB

GUIARAMA
TARRAGONA Y PORTAVENTURA

Autores: **Silvia Roba, Xavier Martínez i Edo** y **Francesc Ribes.**

Editoras de proyecto: **Mercedes de Castro** y **Olga García.** Editoras: **Olalla Aguirre y Toñi Riera.** Coordinación técnica: **Mercedes San Ildefonso.** Equipo técnico: **J. Braulio Señas, Michi Cabrerizo, Jesús García** y **Antonio Sereno.** Mapas y planos: **Cartografía ANAYA Touring Club.**

Diseño tipográfico y de cubierta: *marivíes*

Fotografías: todas pertenecen a **Anaya Touring Club/Remedios Valls,** excepto: **Anaya Touring Club/Blanca Berlín:** 15, 16, 20, 64, 67, 79, 82, 83, 96, 97 (sup. e inf.), 98, 116-117, 119 (sup. e inf.); **García Pelayo, A/Anaya:** 92 (dch.); **Grupo Anaya:** 11, 52-53, 92 (izda.); **Hidalgo Lopesino:** 135 (dch.). **Diego Lezama/Anaya:** 110; **Martínez i Edo, X.:** 22-23, 115. **Ortega, A/ Anaya:** 101. **Ribes, Francesc:** 118. **Sánchez Martínez, Javier:** 3, 18-19, 55, 60, 63, 72, 73, 89 (dch. izda.), 90, 103, 105, 106, 108, 109.

Impresión: Gráficas Muriel, S.A.

2ª edición: marzo 2009.

Reservados todos los derechos. El contenido de esta obra está protegido por la Ley, que establece penas de prisión y/o multas, además de las correspondientes indemnizaciones por daños y perjuicios, para quienes reprodujeren, plagiaren, distribuyeren o comunicaren públicamente, en todo o en parte, una obra literaria, artística o científica, o su transformación, interpretación o ejecución artística fijada en cualquier tipo de soporte o comunicada a través de cualquier medio, sin la preceptiva autorización.

© Grupo Anaya, S. A., 2009
   Juan Ignacio Luca de Tena, 15. 28027 Madrid.

Depósito legal: M-57.797-2008
ISBN: 978-84-9776-646-3
Impreso en España - Printed in Spain.

www.anayatouring.com
La página web de Anaya Touring Club ofrece un completo catálogo de publicaciones de la editorial de interés para viajeros.

ÍNDICE GENERAL

Diez indispensables
Tarragona romana, *10*
PortAventura, *12*
Museos de Tarragona, *14*
Los *castellers*, *15*
La Ruta del Císter, *16*
Modernismo catalán, *17*
Parque Natural del Delta del Ebro, *18*
Salou en verano, *20*
Paisajes de interior, *21*
Los mejores vinos de la tierra, *22*

Visita a PortAventura
PortAventura Park, *27*
Mediterrània, *28*
Polynesia, *30*
China, *34*
México, *39*
Far West, *42*
Caribe Aquatic Park, *49*

Visita a la ciudad de Tarragona
La Tarragona romana, *55*
La Tarragona medieval, *63*
La Tarragona moderna, *66*
La Tarragona modernista y contemporánea, *69*
Monumentos romanos de los alrededores, *73*

Excursiones por la provincia de Tarragona
El norte de la Costa Dorada: de Altafulla a El Vendrell, *79*
Ruta de los monasterios, *86*
De la Costa Dorada a las montañas de Prades, *97*
El delta del Ebro, *102*
De Tortosa a Els Ports de Beseit, *108*
Tierras interiores del Ebro, *111*

Informaciones prácticas
Gastronomía, *118*
Restaurantes, *120*
Calendario de fiestas, *126*
Tapas, cafés, pubs y discotecas, *127*
Museos y otras visitas, *128*
Compras, *132*
Alojamiento, *136*
Transportes y comunicaciones, *140*
Información turística, *140*

Índice de lugares, *142*

CÓMO USAR ESTA GUÍA

● ANTES DEL VIAJE

Se sugiere la lectura de los **Diez indispensables** (de la página 10 a la 22), artículos sobre el paisaje, la historia, el arte y las gentes de Tarragona escritos por la autora Silvia Roba. Para quienes opinan que la *gastronomía* es uno de los atractivos del viaje, la sección del mismo nombre (de la página 118 a la 119) ofrece una visión bastante completa de aquellas especialidades de la zona que pueden despertar la curiosidad del viajero.

● DURANTE EL VIAJE

En los apartados dedicados al parque **PortAventura** (de la página 24 a la 51) y a la ciudad de **Tarragona** (de la página 52 a la 75) se hace una descripción de éstos y de la localidad, proporcionando una información detallada de los lugares de mayor interés. El plano de la ciudad (pág. 56) puede ser de gran utilidad.

● EXCURSIONES POR LA PROVINCIA

Bajo el epígrafe **Excursiones por Tarragona** (de la página 76 a la 115) se ofrecen varias excursiones de un día, que son otras tantas alternativas para visitar aquellas zonas que tienen un singular valor histórico, paisajístico o monumental.

● LA HORA DE COMER (Y CENAR)

Dentro del capítulo titulado **Informaciones prácticas** se incluye una amplia selección de *restaurantes* por localidades, calidades y precios.

En esta misma sección se facilita también información sobre un buen número de actividades con las que ocupar el tiempo libre que van desde las fiestas de las principales localidades, a otras como alojamientos, museos, compras, transportes...

● USE LOS ÍNDICES

Finalmente se ha elaborado un índice de lugares de interés que permite localizar con facilidad las páginas en las que hay alguna información de utilidad.

PORTAVENTURA. INFORMACIÓN ÚTIL

Cómo llegar

La dirección exacta de PortAventura es avda. Alcalde Pere Molas, km 2. 43480 Vila-seca. Se halla justo entre esta localidad y Salou. Éstos son los mejores accesos:

En coche. Desde Barcelona, a una hora por la autopista A 7 (La Jonquera-Valencia), con salida directa al parque (salida 35). Además, es posible acceder a él por la carretera N 340 (Barcelona-Valencia), la T 11 (Tarragona-Teruel) y la N 240 (Tarragona-Lleida). Europcar (www.europcar.es), con oficinas en los aeropuertos de Girona, Barcelona y Reus, ofrece tarifas especiales en el alquiler de vehículos a los clientes de PortAventura. Coordenadas GPS (UTM): X=344975,1205; Y=4551203,34.

En autobús. *Autocares Plana* (telf. 977 354 445; www.busplana.com) cubre la ruta hasta el parque desde Tarragona, Salou, Vila-seca, La Pineda y otros municipios vecinos. También cuenta con líneas directas a los aeropuertos de Barcelona y Reus.

En tren. Cuenta con estación propia, conectada con la línea Barcelona-Valencia de Renfe (telf. 902 240 202; www.renfe.es), que se encuentra justo al final de la Rambla del Parc. Existe un servicio de trenecillo gratuito hasta la puerta del complejo. Si se viaja en AVE, la estación Camp de Tarragona está conectada con PortAventura mediante el servicio de autobuses Ràpid Tren (telf. 902 422 242; www.alsa.es).

En avión. A una hora del aeropuerto de Barcelona (telf. 932 983 838) y a 15 minutos del de Reus (telf. 977 779 800).

En taxi. Hay dos paradas, una en la avda. Alcalde Pere Molas, delante de la entrada peatonal, y otra en el párking preferente.

En tren turístico. Sale de Salou y deja a los pasajeros en la misma puerta.

A pie. Desde la plaça de Europa de Salou hasta la entrada a PortAventura hay sólo quince minutos de caminata.

Aparcamiento

Aparcar en la explanada que hay junto a la puerta de entrada (párking preferente) cuesta 9 € al día. La explanada más alejada, 7 €. Motos, 4 €. Autocaravanas y camionetas, 8 €.

Horario y calendario

PortAventura. La temporada comienza a mediados de marzo y concluye el 6 de enero. Hasta mediados de junio, el horario es de 10 h a 20 h, y desde entonces hasta septiembre, de 10 h a 24 h. En octubre, el parque abre de 10 h a 19 h de lunes a viernes, hasta las 24 h el sábado, y hasta las 21 h el domingo. En noviembre y diciembre, sólo abre los fines de semana, de 10 h a 19 h o 21 h, y también en puentes y Navidades (a partir de las 11 h).

Caribe Aquatic Park. Cuenta con los mismos servicios que PortAventura, además de vestuarios y servicios de alquiler de flotadores y tumbonas.

PRECIOS

Tarifas individuales. El precio varía en función de la edad y la estancia. Así, la entrada de adulto (de 11 a 59 años) cuesta 42 € un día y 63 € dos días consecutivos. El tique noche (de 19 h a 24 h en verano) vale 26,50 €. Los precios júnior (de 4 a 10 años) y senior (de 60 años en adelante) son idénticos: 33,50 € un día, 50,50 € dos días consecutivos y 22 € el tique noche. Los precios de Caribe Aquatic Park son: 21,50 € (adulto) y 17,50 € (júnior y senior). Hasta los tres años de edad, los niños entran gratis. También hay precios especiales para grupos.

Tres días/dos parques. Esta oferta permite pasar el primer día en PortAventura y el segundo, en Caribe Aquatic. El tercer día, de nuevo en PortAventura, se puede elegir entre los siete posteriores a la primera visita. Cuesta 73 € (adulto) o 60 € (júnior y senior). Existe una tarifa para discapacitados.

PASES ESPECIALES

Pase de temporada. El pase de temporada convierte a su titular en socio del Club PortAventura, tiene validez durante un año y cuesta 129 € (adulto) o 105 € (júnior, senior y discapacitados). Además de la entrada gratuita a los dos parques (excepto en Caribe Aquatic en julio y agosto, pero con descuentos de hasta el 50% en función del día), el pase de temporada incluye aparcamiento gratuito, descuentos en las entradas de los acompañantes y en los hoteles, tiendas, restaurantes y campos de golf de PortAventura, y entrada libre o con descuento en otros parques europeos. Si se renueva durante tres años, el abono anual se convierte en pase Oro y otorga mayores privilegios. El pase Platinum combina las ventajas del Club PortAventura con descuentos superiores en los campos de golf y acceso ilimitado al Beach Club. Los pases anuales se gestionan en la Oficina del Club, situada en la entrada del parque.

PortAventura Express. Este servicio gratuito permite disfrutar de determinadas atracciones con un tiempo de espera menor en días de máxima afluencia de público (por ejemplo, los festivos entre Semana Santa y octubre). Basta con acudir a la caseta de PortAventura Express de la atracción que se desee, mostrar la entrada o el pase anual, y recoger un tique especial que da acceso a la atracción al cabo de una hora. En su modalidad gratuita, PortAventura Express sólo se puede utilizar una vez al día en las siguientes atracciones: Tutuki Splash, Sea Odyssey, Tami-Tami, Dragon Khan, El Diablo, Stampida, Silver River Flume, Grand Canyon Rapids y La Mina del Diablo (Halloween).

PortAventura Express Max y Premium. La tarjeta Max cuesta 22 € (se vende en las taquillas y en los puntos de información) y basta con mostrarla en cada una de las atracciones citadas para acceder con un tiempo de espera reducido. Sólo se puede utilizar una vez por atracción, pero a partir de las 21 h el acceso es ilimitado. También incluye asientos reservados (hasta 15 minutos antes de que empiece el espectáculo) en el Templo Mágico Jing-Chou, el Gran Teatro Imperial y el Gran Teatro Maya. La versión Premium tiene forma de pulsera, cuesta 42 € y ofrece las mismas ventajas que PortAventura Max, pero con acceso ilimitado a las nueve atracciones. Los clientes de los hoteles de PortAventura disponen de forma gratuita de la tarjeta Max y de la pulsera Premium, esta última reservada para los huéspedes de las suites y las habitaciones Club San Juan y Woody & Friends.

INFORMACIÓN Y VENTA

Las entradas de PortAventura y Caribe Aquatic se pueden adquirir en las propias taquillas, en Internet (imprimiéndolas en casa; www.portaventura.es), en Servicaixa (www.servicaixa.com) o a través de algunas agencias de viaje. El teléfono de información general es el 902 202 220 y el del Club PortAventura, el 902 404 244. Dentro del recinto, hay oficinas de atención al visitante en las áreas Mediterrània (junto a la entrada), Polynesia (frente a al atracción Kontiki Wave) y Far West (junto a Stampida), donde reparten planos-guía con los horarios de los espectáculos del día. Además, en Mediterrània hay una oficina de turismo de la Generalitat.

SERVICIOS

Antes de entrar en el parque. Los accesos a PortAventura y Caribe Aquatic reúnen buena parte de los servicios al público, empezando por el Centro de Atención al Visitante. Justo al lado se encuentran la zona de recogida de compras, la consigna y el área de alquiler de sillas de ruedas para discapacitados y cochecitos para niños. Junto al aparcamiento se ha habilitado la guardería de animales de compañía (es imprescindible llevar el certificado sanitario).

En PortAventura. En la entrada y al lado de casi todos los aseos hay cajeros automáticos y teléfonos públicos. En el área de México se localiza el puesto de primeros auxilios, y la escuela del Far West funciona como punto de encuentro y lugar de recogida de niños perdidos.

En Caribe Aquatic. Cuenta con los mismos servicios que PortAventura, además de vestuarios y alquiler de flotadores.

NIÑOS

Los niños no pueden acceder a todas las atracciones. Por motivos de seguridad, hay restricciones de entrada por edad, estatura y condiciones físicas.

DIEZ INDISPENSABLES

- Tarragona romana
- PortAventura
- Museos de Tarragona
- Los *castellers*
- La Ruta del Císter

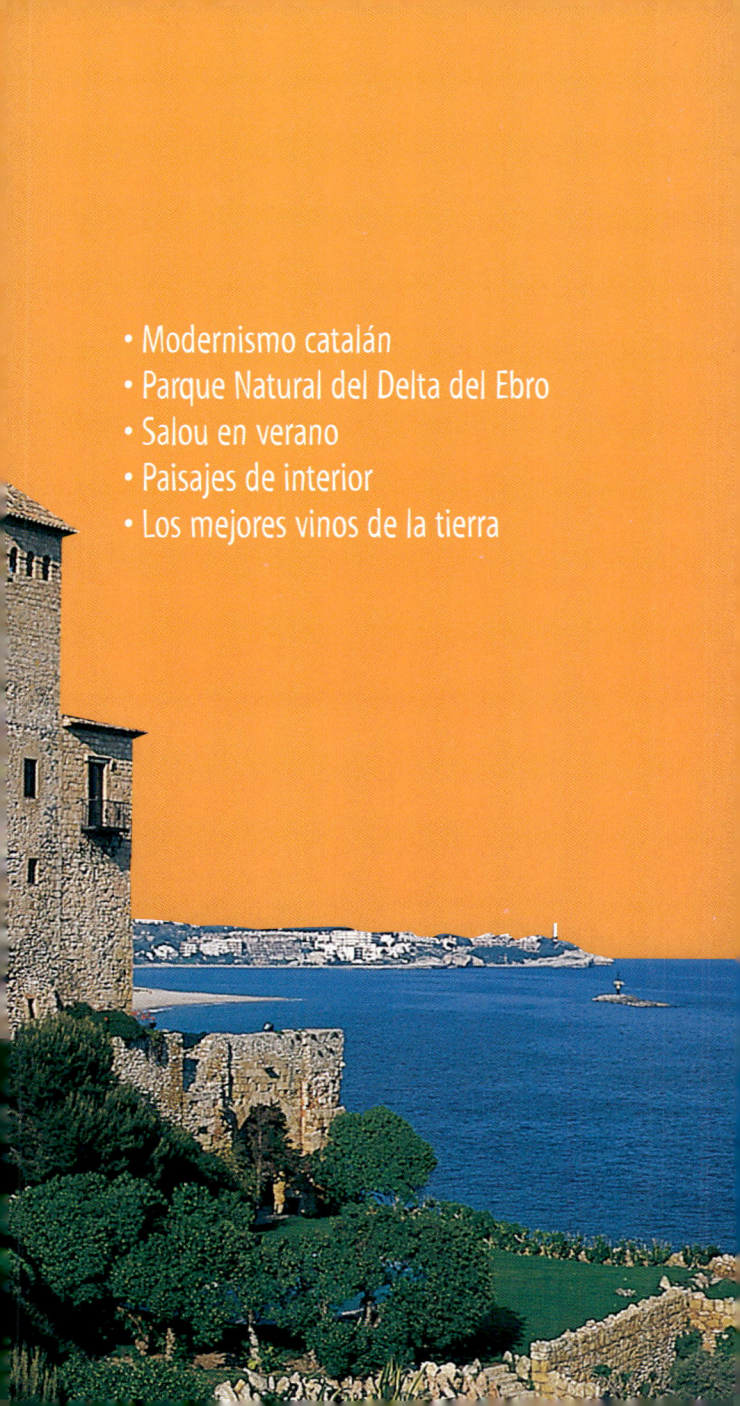

- Modernismo catalán
- Parque Natural del Delta del Ebro
- Salou en verano
- Paisajes de interior
- Los mejores vinos de la tierra

DIEZ INDISPENSABLES

1. Tarragona romana

Anfiteatre Romà

✉ Parc del Miracle.
☎ 977 242 579.

Museu Nacional Arqueològic de Tarragona

✉ Plaça del Rei, 5.
☎ 977 236 209.
ℹ www.mnat.es

Passeig Arqueològic

✉ Avda. de Catalunya, s/n.
☎ 977 245 796.

Si alguna vez se ha dudado de ese dicho que sostiene que la historia es cíclica, quizás la zona de influencia de Tarragona sirva para arrojar alguna que otra pista y creer a pies juntillas en ello. La antigua Tarraco, la de los romanos, fue un centro lúdico de primer orden, una ciudad que podía presumir de ser una de las pocas de la mítica Hispania que tenía teatro, circo y anfiteatro a la vez. Cuando surgió la idea de construir un megaespacio de ocio y entretenimiento al estilo Disney, a alguien se le ocurrió que podría ser aquí, a orillas del Mediterráneo, muy cerca de aquel lugar elegido por los emperadores para presenciar, en sus tiempos, peleas de gladiadores o carreras de caballos. ¡Por todos los dioses! PortAventura tenía su destino escrito desde hace ya muchos siglos.

La eterna ciudad de ocio

El caso es que, dejando a un lado las comparaciones entre pasado y presente, Tarragona se ha puesto de moda, y no sólo por la cantidad de artilugios varios que cada año se presentan como novedades en el parque temático más famoso de España (también el primero). Desde que en noviembre del año 2000 la Unesco declarara Patrimonio de la Humanidad las reliquias romanas de la ciudad, las miradas de medio mundo se han fijado en ella. Y no es para menos, todo lo referente a aquel glorioso imperio está perfectamente cuidado, y descubrir no sólo los monumentos evidentes, sino también los no tan evidentes, tiene su punto. Vamos, que tiene gracia comprar unas botellas de coca-cola en un supermercado en el que todavía se aprecian los viejos muros del circo romano o cenar a la luz de las farolas en una plaza levantada sobre la arena donde los aurigas atizaban a los caballos para demostrar quién era el más rápido.

Y es que Tarragona siempre fue la más deseada. Primero por Júpiter, padre de los dioses, que dejó plantada a Tiria, su esposa mortal, para construirse su casita terrenal en *Tarraco*. Después, por el mismísimo Augusto, que se instaló aquí durante dos años. Quizás fue el clima o esa ambrosía elaborada, imaginamos que con vinos del Priorat, la que engatusó a unos y a otros.

Dejando a un lado los mitos, lo único cierto es que los primeros que apostaron por ella fueron los hermanos Escipión, Cneo y Publio, que fundaron la villa allá por el año

TARRAGONA ROMANA

218 a.C. sobre la antigua *Cosse,* un castro celtíbero. En torno a ella se levantó pronto un campamiento militar desde donde se trazaron planes para derrotar a *Cartago* y, por supuesto, conquistar la Península.

Como *Tarraco* era un centro de operaciones de primera categoría no tardó en progresar y convertirse en núcleo mercantil y administrativo de la *Hispania Citerior*. Aquellos tiempos de apogeo y riqueza vinieron marcados por el comercio marítimo que se estableció con los principales puertos del *Mare Nostrum* y por la construcción de una "avenida" que empezaba justo en Tarragona y concluía en Roma, pasando por *Barcino* (hoy más conocida como Barcelona) y la *Galia Narbonense*. ¿Adivinan su nombre? Efectivamente, la Vía Augusta.

Por todo esto y mucho más, merece la pena mirarnos de vez en cuando el ombligo y barrer para casa, ya que el tesoro romano en Tarragona no puede ser despreciado por nadie. La restauración y exhibición de los monumentos es simplemente magnífica. De entre todos, y aunque es difícil hacer un ránking de atractivo, nos quedamos con el anfiteatro, por estar justo al lado del mar, formando una estampa difícil de olvidar, única en todo el planeta.

La importancia de Tarragona decayó tras la invasión de los bárbaros y durante el dominio visigodo, volviendo a resurgir en la época medieval, que ha dejado una interesante herencia de casas nobles, castillos, trazados de calles y mucha historia por asimilar en cada rincón. ◆

Anfiteatro romano de Tarragona, con gran parte de su gradería excavada en la roca, aprovechando el desnivel natural del terreno.

DIEZ INDISPENSABLES

2. PortAventura

Dragon Khan no sólo fue durante mucho tiempo la única montaña rusa del mundo que contaba con ocho loopings (hoy, China y Gran Bretaña tienen sendas atracciones con diez). Aún hay más tras ese enorme esqueleto rojo, el color de la suerte allá en Oriente, que se puede apreciar casi desde cualquier rincón de las localidades vecinas.

Dragon Khan es la atracción estrella de PortAventura.

La leyenda del Dragon Khan

Dragon Khan tiene historia propia y es fruto de una leyenda que comenzó hace la friolera de 500 años en la tierra de Ximpang, mientras reinaba la dinastía Shang. Cuenta la historia que el belicoso príncipe Hu no estaba dispuesto a ceder ni una pizca de su poder a su hermano mayor, el príncipe Feng, heredero del trono del emperador. El príncipe Hu planeó una noche asesinar a todos los sucesores posibles, sin contar con que su hermano había tenido un sueño premonitorio advirtiéndole del peligro.

Feng salvó su vida, pero no pudo evitar que el malvado Hu acabara degollando a buena parte de su familia, por lo que el malvado joven tuvo que abandonar el reino, no sin antes jurar venganza. Un día, caminando, tropezó con un viejo, exiliado como él, que le confesó ser el Genio del Fuego. Hu le amenazó de muerte si no le transfería de inmediato sus poderes, y el anciano, temblando de miedo, accedió. Le dio a beber un líquido de una copa de oro, reservándose una copa de bronce, y le advirtió de que su cuerpo sufriría una gran transformación después de arder cual antorcha humana. Eso es lo que ocurrió, que tras una inmensa llamarada murió Hu y nació el Dragón Khan, el Príncipe del Fuego. El terrorífico animal comenzó entonces a sembrar el caos y a devastar todo aquello que encontró a su paso camino de Ximpang. El príncipe Feng, asustado, no sabía cómo controlar a la fiera, hasta que un anciano le tendió una copa de bronce e insistió en que el líquido que contenía era el único antídoto contra tanta maldad. Cuando el dragón se enfrentó a su hermano, éste le ofreció la copa; el monstruo, confiado, bebió de ella y entonces su cuerpo estalló en mil pedazos.

Lo único que quedó reconocible fue su gigantesco esqueleto, en el cual el espíritu de Hu quedó prisionero. Según la leyenda sigue ahí, y se enoja cuando alguien se acerca a él... De ahí los gritos que los vecinos de Salou dicen escuchar a cada rato. Cosas de ciencia ficción. ◆

DIEZ INDISPENSABLES

3. Museos de Tarragona

Quizás le venga de antiguo, de cuando la ciudad romana acogía espectáculos de fieras, gladiadores o simples obras de teatro, o de mucho más cerca, cuando llegó el reconocimiento definitivo a su importante legado histórico por parte de la Unesco. Lo cierto es que Tarragona, tanto la ciudad como la provincia, es amante de la cultura. Y como amante, totalmente entregada.

Cultura para todos

Es difícil encontrar un lugar en España, o donde sea, que celebre cada año una semana única y exclusivamente cultural. Pues bien, ésta tiene lugar en Tarragona capital durante el mes de mayo, y en ella no hay un solo minuto para el descanso ni el aburrimiento. Son las denominadas *Jornadas Internacionales de Divulgación Histórica Romana*, en las que durante siete días se llevan a cabo desde seminarios hasta luchas de gladiadores, desde conciertos hasta la recreación de un enterramiento paleocristiano, pasando por recitales de poesía clásica latina, visitas guiadas, danzas... Todo un espectáculo que se completa con dos iniciativas dignas de mención. Una de ellas, gastronómica (Tárraco a la Taula), en la que participa buena parte de los restaurantes de la ciudad, que para la ocasión deben ofrecer platos romanos elaborados a partir de recetas antiguas documentadas en todo lo posible. La segunda de las propuestas de interés no tiene desperdicio: entrada gratuita a todos los museos. Además, y ya sin coincidir con fecha alguna en el calendario, en muchos de estos museos o puntos de especial interés (como, por ejemplo, la Villa Romana dels Munts) se puede solicitar el tique Tarragona City Clau, que permite la entrada gratuita a algunos museos de la ciudad —en otros, garantiza un 50% de descuento—, o el pase Circuito d'Art, que cuenta con el patrocinio de 23 museos de toda Cataluña. Basta con presentarlo en los lugares indicados para conseguir un 50% de descuento en cada visita. Todo un regalo al que hay que unir otro más: los martes es el día del turista. Entrada gratis en todos los recintos culturales, salvo en aquellos que permanecen en manos privadas. ◆

Piezas del Museu Nacional Arqueològic de Tarragona (MNAT).

4. Los *castellers*

Son algo más que una tradición, forman parte de la historia misma de Tarragona. Hasta tal punto es así, que no se concibe una fiesta sin que en la agenda del día figure un hueco especial para la construcción de una torre humana.

Más fuertes y más altos

El origen de los *castellers* se pierde en la noche de los tiempos, aunque se considera a Valls como la cuna de esta peculiar expresión del folclore catalán que viene a manifestar algo así como "entre todos hacemos todo" o "sin la ayuda del pueblo nada sería posible". Para formar parte de una *colla,* agrupación que se dedica a hacer *castells* allí donde sean requeridos, hace falta sólo cumplir cuatro requisitos. A saber: fuerza, valor, equilibrio y *seny* ("sensatez"). La *colla* más antigua, como no podía ser de otra forma, tiene su sede en Valls. Son los conocidos Xiquets de Valls, que comenzaron su andadura en 1867 y son los herederos directos de la Colla dels Menestrols, que aparece documentada por primera vez en 1805 y que después pasaría a llamarse Colla Roser (1820-1828).

La rivalidad de las diversas agrupaciones tarraconenses se deja sentir a la menor ocasión. En la actualidad se han logrado auténticos récords, como son esos vertiginosos castillos de nueve pisos formados por estructuras de cuatro *castellers* por nivel. Ahí es nada.

Por eso, además de las fiestas de rigor, casi cada pueblo o ciudad hace su particular homenaje a tal tradición con un monumento en alguna plaza destacada. Hablemos de Valls, sin ir más lejos. La capital del Alt Camp cuenta con un monumento, no menos impresionante que una torre humana al uso, en el passeig dels Caputxins, formado por una gran pirámide de 11,70 m de altura, sobre un pedestal de 2,40 m. La temporada *castellera* se desarrolla entre junio y noviembre, aunque es durante las fiestas de Santa Úrsula cuando más público llega a congregarse a los pies de los castillos. ◆

Monument als castellers.
Coma-ruga.

DIEZ INDISPENSABLES

5. La Ruta del Císter

Los paisajes abruptos y solitarios de la provincia de Tarragona constituyen toda una fuente de inspiración. También un remanso de paz. Eso es, al menos, lo que entendieron los monjes de la orden del Císter que, siguiendo al pie de la letra la norma benedictina –aquel famoso ora et labora–, *fueron a parar aquí, a estas tierras, donde construyeron imponentes monasterios en los que evadirse del mundanal ruido.*

Ora, labora... y disfruta

La reconquista de los últimos reductos musulmanes en la zona meridional de Cataluña coincidió con la muerte de San Bernardo de Claravall, impulsor desde Cîteaux de una renovación profunda de la vida monacal. Así, las necesidades de repoblación de los nuevos territorios llegaron de la mano de la expansión cisterciense.

Son tres los ejemplos arquitectónicos nacidos al amparo de la orden del Císter y sería imposible descartar cualquiera de ellos por importancia. Si bien es cierto que no conviene ver los tres a la vez para no saturarse y sobre todo para no comparar, hay que hacer este recorrido con tiempo, y de forma espaciada, para entender el peso de la religión en una época en la que casi todo dependía del clero. Santa Maria del Poblet, Santes Creus y Vallbone de les Monges, este último ya en la provincia de Lleida, forman la llamada Ruta del Císter, fundada en 1989, que ha supuesto una inyección indiscutible para el turismo de las tres comarcas por las que pasa: Alt Camp, la Conca de Barberà y el Urgell. La relevancia de los monasterios lleva al visitante a descubrir unas tierras que rebosan cultura, gastronomía, tradición y patrimonio. Un dato para los amantes de las curiosidades: Poblet constituye el mayor conjunto cisterciense habitado de toda Europa. En 1991 fue declarado por la Unesco Patrimonio de la Humanidad. ◆

Monasterio de Santa Maria de Poblet.

6. Modernismo catalán

El final del siglo XIX y las primeras décadas del XX supusieron la edad de oro para el arte catalán, sobre todo en lo concerniente a la arquitectura. La situación de prosperidad industrial y agrícola del momento trajo consigo un renacimiento económico y cultural. Con el ascenso de la burguesía urbana se construyó toda una serie de edificios y casas particulares que siguió el estilo artístico más en boga: el modernismo.

Bodegas con mucho arte

El modernismo se instauró con fuerza en Cataluña y prueba de ello es el buen hacer de uno de los grandes maestros de todos los tiempos: Antoni Gaudí. Aunque dejó la mayor parte de su obra esparcida entre Barcelona y otros lugares, el padre de la Sagrada Familia de la Ciudad Condal nació en Reus, una localidad tarraconense en la que se pueden contemplar magníficos ejemplos modernistas, como la Casa Navàs, proyectada por otro iluminado de aquellos tiempos, Luìs Domènech i Montaner. A este arquitecto en concreto se debe también una impresionante bodega, que concluyó su hijo, y que hoy alberga el museu del Vi, en L'Espluga de Francolí, en plena Conca de Barberà.

Esta comarca compite con El Priorat en cuanto a calidad de vinos y lo hace a lo grande, en escenarios dignos de admiración. No hablamos de cuál tiene más hectáreas ni siquiera de los campos de viñedos. Nos referimos a las llamadas Catedrales del Vino, bodegas modernistas, casi todas con vidrieras de colores y en ladrillo escalonado, cuyo objetivo primordial era proporcionar un impulso importante a la modernización de la agricultura y a la técnica de la elaboración de los caldos. Las influencias artísticas de la época convirtieron estos *cellers* en auténticas obras de arte. Barberà de la Conca, Montblanc, Pira, Rocafort de Queralt y Sarral, entre otros pueblos, son algunos de los que pueden presumir de bodega con arquitecto de lujo (casi siempre, Pere Domènech y César Martinell). Es posible hacer una ruta por todas ellas para admirar sus estupendas fachadas y de paso aprovechar para hacer compras gastronómicas. ◆

Museu del Vi. Celler Cooperatiu de l'Espluga de Francolí

- Avda. J. M. Rendé i Ventosa, 5.
- 977 870 161.
- De 9.30 h a 13 h y de 15.30 h a 18.30 h, en días laborales. Sábado y festivo, de 10 h a 14 h.

Bodega de L'Espluga de Francolí, obra de Lluís Domènech i Montaner.

DIEZ INDISPENSABLES

7. Parque Natural del Delta del Ebro

Centro de Recepción y Documentación del Parque Natural del Delta del Ebro

- Deltebre. Plaça del 20 de maig, s/n.
- 977 48 97 79.
- De 10 h a 14 h y de 15 h a 18 h. Sábado y domingo, horario restringido.
- www.ebre.com/delta

Tiene 320 km² de superficie, o lo que es lo mismo, 7.736 ha, de las cuales 5.316 pertenecen a la comarca del Montsià (hemidelta derecho) y 2.420 a la del Baix Ebre (hemidelta izquierdo). Estas cifras son las que han permitido catalogarlo como la zona húmeda más extensa en tierras catalanas.

El río que nos lleva

Declarado Parque Natural en 1983, el delta del Ebro constituye el segundo hábitat acuático más importante de España, después de Doñana, y el segundo del Mediterráneo occidental, después de la Camarga francesa. Está formado por numerosas lagunas (les Olles, el Canal Vell, el Garxal, l'Alfacada, la Platjola, la Tancada y l'Encanyissada), islas (la de Buda, Sant Antoni y Sapinya) y penínsulas (la Punta de la Banya y el Fangar), además de las zonas conocidas como los Ullals de Baltasar y los Yermos de Casablanca.

El paisaje del delta tiene muchas peculiaridades que convierten este espacio en un enclave realmente atractivo. En su interior, encontramos zonas de cultivos hortícolas y frutales, arrozales, playas arenosas, dunas, vegetación por todas

Parque Natural del Delta del Ebro

partes (se estima que unas 515 especies distintas). Así podemos ver desde álamos hasta fresnos, pasando por alisos, olmos, mimbreras, chopos, acacias, plátanos... En cuanto a la fauna, también resulta de lo más variada. Además de los incordiones mosquitos, lagartijas y libélulas, el parque natural tiene una importancia considerable en lo que a avifauna se refiere, sobre todo al llegar el otoño, durante los meses de octubre y noviembre, cuando los campos de arroz permanecen encharcados tras la época de la cosecha. Es entonces cuando llegan miles de aves acuáticas que inician su invernada o pasan unos días simplemente en migración. Se calcula que aquí habitan unos 55.000 patos y unas 13.000 fochas. En cualquier caso, la reina indiscutible del parque no tiene pico y es muy escurridiza: es la anguila, de la que se capturan 30 o 50 toneladas cada año.

Las normas de actuación dentro del parque son muy estrictas, y hay que cumplirlas a rajatabla, ya que nos encontramos en un lugar habitado por animales que necesitan ante todo no ver alterada su vida normal. Para avistar aves el mejor momento es a primera hora de la mañana o al atardecer; se aconseja no vestir de forma demasiado estridente y llevar siempre unos prismáticos. El Centro de Información de Deltebre es un centro de operaciones en toda regla, imprescindible su visita si de verdad los paseantes quieren disfrutar de este regalo de la naturaleza surgido en torno al delta del Ebro, junto a su desembocadura, que empezó a adquirir esta forma durante la última glaciación. ◆

Playa de Riumar, en el Parque Natural del Delta del Ebro.

DIEZ INDISPENSABLES

8. Salou en verano

Fue la burguesía de Reus la primera en descubrir los encantos del que es hoy uno de los centros turísticos más importantes de España.

Casa Bonet, en Salou, uno de los ejemplos de modernismo en la provincia.

La Playa de Europa

Pasar unas vacaciones en Salou se convirtió en algo tan clásico que quien de verdad quería hacer ostentación de dinero y poder no tenía más remedio que mandarse construir una segunda residencia aquí, en un lugar que por entonces apenas estaba saturado, con pinares que rozaban el mismo mar y una temperatura agradable a más no poder casi durante todo el año.

Hoy las cosas han cambiado bastante, el tiempo ha podido con Salou, pero no con su imán-engancha-turistas, ya que la mayor parte de los touroperadores incluyen este paraíso mediterráneo como destino estrella.

Pero ¿qué tiene Salou de especial? Además de los casi 8 km de arena dorada, que hace honor al nombre genérico de la costa de la que presume de ser capital, es ese ambiente entre cosmopolita y moderno lo que definitivamente le da su peculiar empuje hasta fuera de nuestras fronteras.

Es una localidad diferente, divertida, con gente llegada desde cualquier rincón de España y Europa, con una pizca de glamour, que se deja sentir al caer la noche, en las terrazas de moda y en esa columna dorsal que es el paseo Jaume I, inusitadamente amplio, rodeado de altas palmeras. ◆

9. Paisajes de interior

No sólo hay playas. Tarragona también cuenta con un importante patrimonio paisajístico, que en algunos tramos resulta realmente impactante.

Entre Prades y Siurana

La orografía de la provincia se beneficia de la sierra de Prades, un lugar especialmente atractivo para la práctica de deportes al aire libre –bicicleta de montaña– o simplemente para dedicarse al noble arte de la contemplación. El punto más elevado de esta espectacular sierra es Tossal de la Baltasana, con 1.202 m de altura. Quienes vayan en busca de vida humana pueden acercarse, por ejemplo, a Castellfollit y quienes se inclinen más por lo espiritual, pueden optar por visitar las ermitas de la Santíssima Trinitat y de Sant Joan.

Se elija lo que se elija, una cosa es clara: no hay que perderse por nada del mundo Siurana, situada en la cima de un risco a más de 700 m de altura, en una de las estribaciones de las montañas de Prades. Las vistas que se pueden disfrutar desde el valle del río, llamado también *Siurana*, son realmente impactantes, sobre todo la que se obtiene desde el mirador en el que se ve, majestuosa como ninguna, La Trona, un peñasco que se alza en medio de la barranca conocida como *El Salto de la Mora*, nombre cuyo origen, según cuenta la leyenda, se situaría en aquella última reina árabe que se arrojó con su caballo antes de que pudiera ser hecha prisionera. ◆

Iglesia románica de Santa Maria de Siurana.

DIEZ INDISPENSABLES

10. Los mejores vinos de la tierra

Un estudio realizado en el año 1974 concluyó que la comarca del Priorat era sumamente propicia para elaborar algunos de los mejores vinos del mundo. Enólogos jóvenes y preparados acudieron aquí para sentar las bases de lo que es hoy: una Denominación de Origen cuya sola mención lleva implícita siempre la palabra calidad.

Vinos del Priorat

Ya antes de que se llevara a cabo tan contundente estudio, otros personajes habían allanado el camino. Y éstos no fueron otros que los monjes cartujos de Scala Dei, que elaboraban caldos que se caracterizaban por su alto grado de oxidación y de volumen alcohólico. Por cierto, Escaladei sigue siendo un buen lugar, quizás el mejor, para comprar vinos directamente en las bodegas.

El Priorat es una pequeña región de Tarragona, bañada por el río Siurana, afluente del Ebro, cuya capital es Falset y que bien pudiera pasar desapercibida si no fuera por su enorme productividad. Contemplar el paisaje también merece la pena, con esos viñedos inundando las terrazas excavadas en las laderas. La especialidad del Priorat son los vinos

Los mejores vinos de la tierra

secos, aunque hay quien también se atreve con los rancios y los blancos de garnacha (fermentados en barrica).

Hasta hace escasamente veinte años, la producción de vinos en el Priorat era una actividad agrícola secundaria, complementaria a los ingresos que generaban los frutos secos (sobre todo avellana) y el aceite. Los vinos que se obtenían eran bastos, escasamente trabajados, aunque seguían siendo muy populares.

La crisis del sector de la fruta seca resultó decisiva en el impulso de la viña. Fueron enólogos foráneos, y también los propios *cellers* de la zona, quienes, a partir de la década de 1990, comenzaron a redescubrir las enormes potencialidades del territorio para obtener vinos de alta calidad y enorme personalidad. Hubo importantes inversiones y se aplicaron nuevas técnicas, más modernas, de cultivos, de elaboración y de comercialización. El proceso fue rápido y sorprendente, por lo que más que una evolución, en el Priorat casi debe hablarse de revolución.

Esta renovación llevada a cabo durante la década de 1990 permitió a la Denominación de Origen añadir el apelativo de *qualificada* en el año 2000, convirtiéndose, junto a La Rioja, en las únicas áreas vitícolas españolas con esta condición. Este calificativo constituye la distinción máxima a la que pueden aspirar los productos de calidad regulados bajo una denominación de origen, y, desde luego, supuso un impulso enorme para la comercialización de sus vinos. ◆

El territorio del Priorat es de aspecto árido y estética mediterránea, y se extiende a los pies de la sierra del Montsant.

VISITA A PORTAVENTURA

- PortAventura
- Caribe Aquatic Park

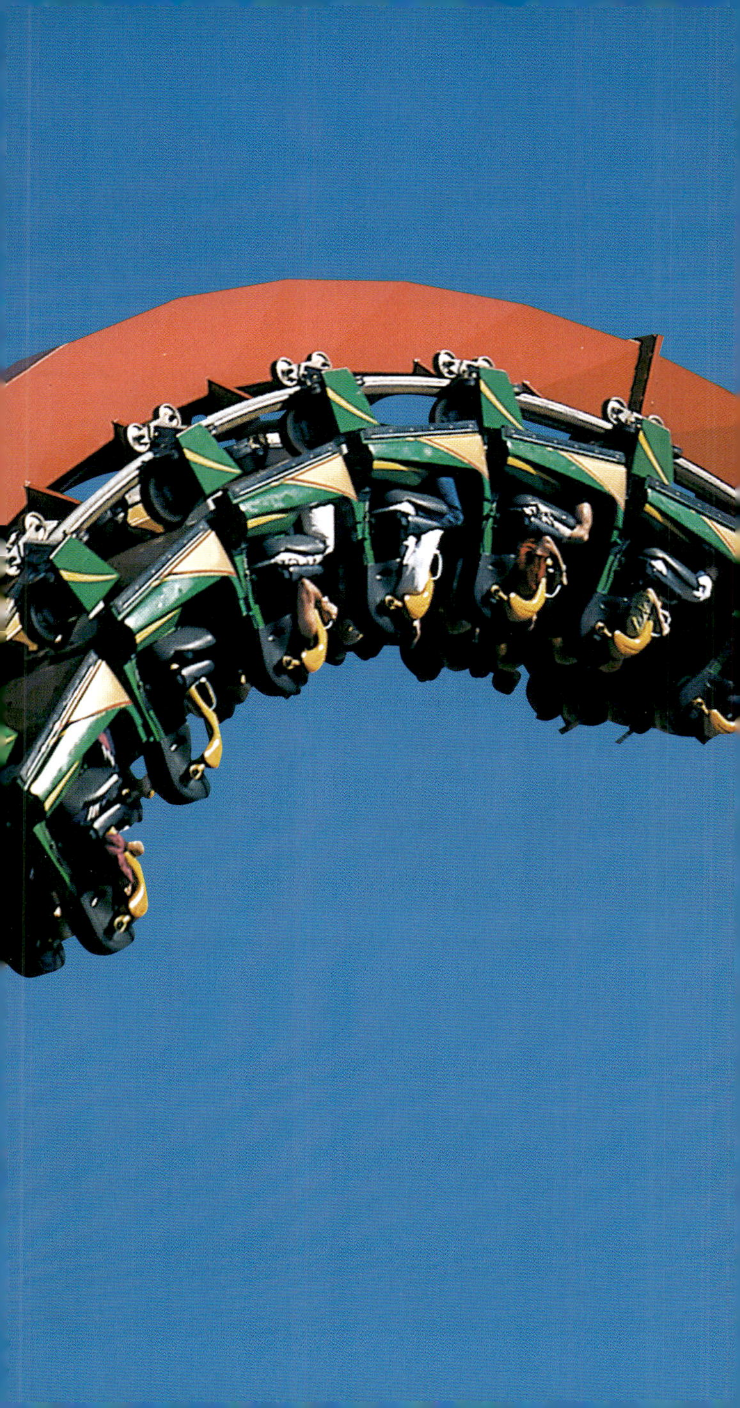

El recinto

Aunque comúnmente todo el mundo utilice el nombre PortAventura como genérico, hay que tener claro que éste es tan sólo una parte de un complejo que no ha parado de crecer desde que se inauguró en 1995. Con una extensión de 117 ha (de las 825 que tiene en propiedad) y un aforo de 30.000 personas, el parque temático es la principal atracción, el eje sobre el cual ha ido creciendo todo un gigante. La idea primigenia de buscar la diversión a través de cinco áreas emparentadas con las principales culturas del mundo sigue dando sus frutos, hasta el punto de que cada año atraviesan sus puertas algo más de tres millones de visitantes. En todo el complejo, compuesto también por un parque acuático y tres hoteles, trabajan alrededor de 1.500 personas (unas 4.000 en temporada alta), además de un buen puñado de personajes de ficción: desde la explosiva Betty Boop hasta el fortachón vegetariano más famoso del planeta, Popeye, sin olvidar a la auténtica estrella del lugar: el Pájaro Loco. ◆

Planificación de la visita

Se ofrece, a continuación, una exhaustiva descripción de todo cuanto el visitante encuentra nada más poner un pie en PortAventura, desde los servicios generales que ofrece el recinto hasta todos y cada uno de los espectáculos y atracciones de las diferentes áreas temáticas. Hemos realizado una diferenciación entre PortAventura y Caribe Aquatic Park, ya que la entrada en uno de los dos parques no vincula a la otra.

También ofrecemos consejos básicos a la hora de planificar la visita, así como la calificación, a través de estrellas (★ o ★★), de los principales puntos de interés. Si se cuenta con poco tiempo disponible, recomendamos no pasar por alto aquellos lugares que están marcados con ★★. ◆

PortAventura

Áreas temáticas:
- Mediterrània
- Polynesia
- China
- México
- Far West

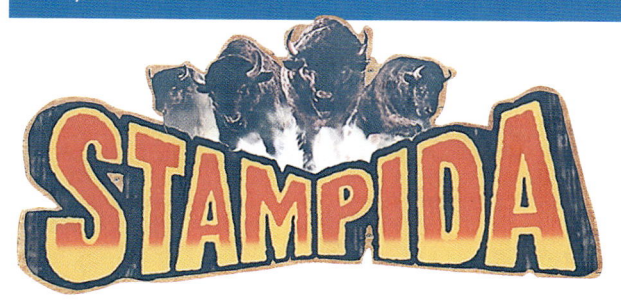

Las cinco áreas temáticas se corresponden, cada una, con una cultura diferente. Entre ellas se reparten un total de 20.000 m^2 de rocas artificiales, 300.000 plantas y 270 especies de árboles traídos de todo el mundo. El orden lógico de visita es: Mediterrània, Polynesia, China, México y Far West, aunque cada cual puede elegir lo que prefiera. Suponiendo que tan sólo se tenga un día para recorrer PortAventura, hemos hecho una selección de aquello que no debe perderse por nada del mundo en el caso de que su perfil se corresponda con alguno de estos que detallamos a continuación:

Los más atrevidos, aquellos a los que les gustan las subidas de adrenalina, deben subir a las tres atracciones más potentes: *Dragon Khan, Furius Baco, Hurakan Condor* y *Stampida*. También es interesante el *Tutuki Splash,* la montaña rusa de agua. Entre los espectáculos, *Fort Frenzee,* un disparatado número a cargo de un equipo de especialistas en pleno Far West.

Los más tranquilos pueden emprender desde Mediterrània un *paseo en barca* hasta el puerto de Waitan, en el área de China, o un *paseo en tren* hasta el Far West. Entre las atracciones, destacan *Sea Odyssey* y *Yucatán;* entre los espectáculos, *El Templo del Fuego, Fantasía Mágica de China* o *Bubblebou.*

A los adultos con niños seguro que les encanta el *Tomahawk* y el *Tami-Tami,* dos montañas rusas infantiles, los *Potrillos de México* y las cestas voladoras de *Fumanchú*. En las *áreas infantiles* de China y Polynesia también disfrutarán al máximo. Entre los espectáculos, aparte de los que son exclusivamente para ellos, las *Aves del Paraíso,* en el área de Polynesia.

Entre los adolescentes tiene un gran número de adeptos el *Grand Canyon Rapids,* el rafting más rápido del Oeste. Entre los espectáculos, el *Aloha Tahití,* con sus bailarines exóticos, y *Maverick,* un tahúr que hace increíbles trucos de magia.

MEDITERRÀNIA

No podía ser de otra forma. El área que da la bienvenida a los visitantes en PortAventura es la viva imagen de un pueblecito de pescadores al más puro estilo mediterráneo. Nobleza obliga. Estamos a unos pasos sólo del Mare Nostrum, aunque no nos queda claro si esta villa marinera de mentirijillas es fiel reflejo de algún lugar del litoral catalán o de algún punto un poco más lejano. ¿Quizás Grecia? ¿Italia? La música juega a engañarnos: a veces se escucha una sardana y otras veces las notas se vuelven árabes.

La **Plaça Major** nos saca de dudas: es la reproducción de la de la Vila de Prades, en el Baix Camp, en la provincia de Tarragona. En cualquier caso, el **lago central** representa el mar y en torno a él gira todo este gigantesco montaje.

Mediterrània es, de las cinco zonas que conforman el parque, la que mayor número de servicios reúne (destacados en el apartado Servicios en PortAventura). La Plaça Major cuenta con unos animadores muy especiales: una banda musical formada por un grupo de exploradores que casi siempre se pone a tocar al lado de la fuente principal. En el **paseo de Levante**, el visitante podrá organizar tranquilamente sus rutas, mientras se toma algo en alguna de las cafeterías, o echar un vistazo a esos regalos que, una vez concluida la jornada, querrá llevarse a casa. Si lo prefiere, puede subirse a **Furius Baco,** una atracción que rinde homenaje a la cultura del vino.

ATRACCIONES

● FURIUS BACO★★

La única atracción de Mediterrània cuenta la extraña historia de un inventor que diseña una máquina para transportar barricas de vino a gran velocidad, y junto a ellas van sentados los pasajeros, sin tiempo para contemplar el paisaje de viñedos que los rodea, pues Furius Baco es la montaña rusa más rápida de Europa: en tres segundos acelera hasta los 135 km/h. En el Centre de Pescadors se puede adquirir la imagen (Photo Ride) con la cara que se nos ha puesto al ser lanzados a esa velocidad, o el vídeo (Video Ride) de toda la experiencia.

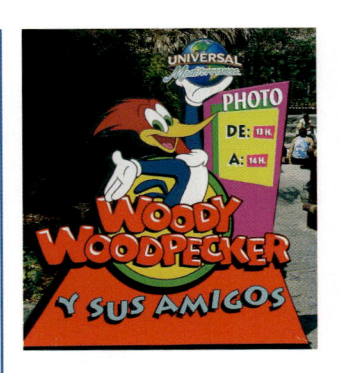

● PORT DE LA DRASSANA★

No se puede definir como una atracción, ya que no proporciona una emoción especial, pero es un servicio de lo más agradable. Desde este puerto, ubicado en el **Moll Vell,** zarpan barcas con el único objetivo de llevar a sus pasajeros al **puerto de Waitan,** en *China,* a través de la selva polinésica. Es la mejor opción para aproximarse al Dragon Khan y no hay que esperar mucho: las barcas salen en cuanto están llenas. También funciona en sentido inverso (desde China a Mediterrània).

● ESTACIÓ DEL NORD

Lo mismo, pero, en esta ocasión, la cosa va sobre raíles y el destino final es la **Penitence Station,** en el desafiante *Far West.* La estación emula a aquellas que antaño se encontraban en los pueblecitos costeros, con su reloj y su taquilla. El recorrido es realmente interesante, ya que se puede apreciar el parque en su justa dimensión: se aproxima bastante al volcán del **Tutuki Splash,** para continuar después por *Polynesia,* pasar por debajo del **Dragon Khan** y la **Gran Muralla China,** por el medio del **Tren de la Mina** y por detrás de las casas del *Far West.* Los maquinistas van vestidos a la antigua usanza. Un consejo: es mejor no sentarse en el primer vagón, el ruido de la locomotora a ratos se hace ensordecedor. Al igual que con las barcas, el trayecto en este tren de vapor se realiza también en sentido inverso (desde el Far West a Mediterrània).

ESPECTÁCULOS

● FIESTAVENTURA★★

Inaugurado en 1999 y renovado en 2003, recibió el premio al mejor *show* en directo del mundo, que otorga la Themed Entertainment Association. Luces, cometas, pirotecnia, proyecciones digitales, rayos láser, música... Toda una exhibición multimedia que tiene lugar en el **lago,** del que parece que van a salir llamas. Un total de 83 personas pone en marcha este espectáculo, que dura 18 minutos. Es importante llegar por lo menos con un cuarto de hora de antelación para coger un buen sitio. El mejor lugar para verlo es el pequeño cabo que hay justo delante de la tienda Records de PortAventura.

● ACQUAMUSIC

El broche de oro antes del cierre. Las aguas del lago se tiñen de color y 800 surtidores que alcanzan los 35 metros de altura se mueven al ritmo de la música, mientras el cielo se ilumina con fuegos artificiales. Este espectáculo suele celebrarse en los primeros meses de cada temporada, pero es mejor consultar los horarios semanales en la web oficial (www.portaventura.es).

ANIMACIONES EN LA CALLE

Por el paseo de Levante y, en realidad, en toda la zona de Mediterrània, es fácil encontrarse a Woody y sus amigos. Aunque esta animación está presente en todas y cada una de las áreas temáticas, aquí goza de especial protagonismo. Además de posar para niños y grandes durante una hora al día, los personajes-mascota pasean por aquí de forma habitual y aprovechan para hacer de las suyas. Atención pues a la explosiva pero tierna Betty Boop, a las peleas entre Brutus, Popeye y Olivia, o a las bromas de Epi, Blas, Coco y Elmo, recién llegados desde Barrio Sésamo.

JUEGOS

● BARCOS DE CONTROL REMOTO

Junto al **port de la Drassana** y a orillas del lago. Para sentirse un experto capitán sin necesidad de ponerse a los mandos de un timón. Basta con tener pericia con el sistema de control remoto y hacer chocar las embarcaciones contra las dianas, lo que produce distintos efectos sobre el agua.

POLYNESIA

Refrescante. Ésa es la palabra que mejor define el área encargada de recrear un poblado en medio de la selva de Polynesia. A medio camino entre las islas Fiyi, Hawai, Tonga o Tahití, la vegetación aquí lo inunda todo, entre puestos, tiendas y bares ubicados en el interior de cabañas.

Comienza ya la auténtica aventura, con dos de las atracciones más visitadas y un espectáculo que figura en todas las improvisadas encuestas y conversaciones como uno de los más entretenidos. Cambia la música de fondo, ahora se escuchan ritmos más sensuales... y los primeros gritos: los de los pasajeros del **Tutuki Splash**. Ambientación perfecta, con puentes de madera, troncos, palmeras (más de 600) y algún que otro diosecillo semioculto que habrá que buscar. Es la zona favorita de los niños.

ATRACCIONES

● TUTUKI SPLASH★★★

Se puede optar por hacer dos cosas: o subirse a bordo de una de las diez barcas –de cinco filas de cuatro asientos cada una– que transitan por esta atracción y mojarse, o situarse en medio del puente-mirador que hay justo enfrente y mojarse. Entre las dos opciones nos quedamos con la primera, aunque la segunda también resulta muy divertida. Antes de subirse hay que pensarse bien si se quiere ir a pelo y hacerse el valiente o colocarse un impermeable (si no lo lleva, los venden a buen precio). Un consejo: si el día no está soleado, lo mejor es protegerse. Si hace calor, nunca sienta mal un remojón. Las barcas del Tutuki Splash atraviesan un canal de agua hasta adentrarse en un volcán, desde donde son lanzadas sobre un lago a una velocidad de 55 km/h, ahí es nada. Hay que aguantar el tipo dos veces (hay dos bajadas, una más alta que otra) a lo largo de los 450 m del recorrido. La atracción dura 5 minutos. El mejor sitio para no empaparse, cosa difícil, por cierto, es justo en el centro de la barca. A los de las primeras filas no hay quien los salve.

En el Tutuki Splash es posible utilizar el servicio PortAventura Express.

● SEA ODYSSEY★★

Sea Odyssey es una de las atracciones submarinas más avanzadas del mundo, creada por un equipo que ha trabajado en numerosos proyectos de los grandes estudios de Hollywood. Inaugurado en mayo de 2000, este moderno simulador es mitad espectáculo, mitad atracción. La aventura submarina tiene lugar en un inmenso edificio de 2.500 metros cuadrados y dura 15 minutos. Suele haber cola para entrar, pero los grupos que se forman en el interior son bastante grandes, así que se avanza deprisa.

La particular odisea comienza tras una escotilla –escondida detrás de unas cascadas en una gruta de piedra (con 30 variedades de plantas tropicales)– que oculta la entrada del Institut Oceanique, un centro secreto de investigación oceanográfica de altísima tecnología. Es aquí donde los participantes son recibidos por el doctor Julius Alga. Hay que estar atento y prestar mucha atención, sus explicaciones son fundamentales para entender la historia posterior; suele haber mucho ruido (los grupos son grandes y difíciles de controlar) y la megafonía no se escucha con la nitidez que debiera.

El doctor mostrará a sus invitados sus dos grandes inventos, el Seafari, un moderno sumergible, y Octobot, un robot de inteligencia artificial multi-

POLYNESIA

lingüe (habla en castellano, catalán e inglés) y multitentáculos. Es éste quien da la voz de alerta: uno de los sumergibles ha desaparecido y es preciso ir en su busca. Suenan las alarmas: hay que seguir a Sami, un dicharachero delfín encargado de la operación de rescate. Es aquí donde comienza la acción. Los participantes deben sentarse en las butacas instaladas en una plataforma dinámica –en total hay cuatro, con cuatro filas de cinco plazas cada una–, que se mueve sobre unos 2,5 m de altura, al tiempo que en la pantalla se proyecta una película en 70 mm –26 fotogramas por segundo en lugar de 24– con sonido estéreo en 3-D. Es la hora de gritar: los monstruos marinos casi te devoran, los asientos se mueven según van y vienen las corrientes de agua... ¿Cómo acabará la historia? Para disfrutar más cómodamente de Sea Odyssey es posible utilizar el servicio PortAventura Express.

● **WAIKIKI**

¿Quién dijo que los columpios se habían quedado anticuados? Éstos, para niños, son de lo más originales.

● **LOCO-LOCO TIKI**

Si hay columpios para niños, no podía faltar, justo al lado, la atracción preferida siempre por los más pequeños: el tiovivo, en esta ocasión, a ritmo de música tropical.

Una experiencia fuera de lo común

La primera sensación que se tiene nada más cruzar la puerta de acceso a PortAventura es la de estar en un mundo aparte, donde la diversión es el alma de todas las cosas: vaqueros, mariachis, pájaros locos, popeyes, fuentes que hablan, montañas rusas de infarto, espectáculos a todas horas, magia... Situado en plena Costa Daurada, entre los municipios de Salou y Vila-seca, el parque temático se divide en cinco zonas que reproducen mundos y formas de vida diferentes, fiel reflejo de las culturas más importantes del planeta. Así, podemos pasear en barco por el lago de Mediterrània, ver a las chicas del cancán en el saloon de Far West, descubrir los secretos que encierra la Gran Pirámide de México, sentarnos en las butacas del Teatro Imperial de China o aprender a ponernos un pareo con cierto estilo en Polynesia, áreas todas que cuentan con sus propios decorados, ambientación singular, música de fondo y personalidad bien marcada.

Por su parte, Caribe Aquatic Park, inaugurado en 2002, recrea, como su nombre indica, todo un paraíso caribeño, con sus playas, toboganes, piscinas y palmeras, distribuidos con mucha imaginación, entre una zona al aire libre y otra cubierta que permite disfrutar de este peculiar espacio, sólo apto para amantes del agua, hasta cuando arrecia el frío invernal. Quienes deseen continuar con la experiencia de vivir fuera de este mundo al menos unos cuantos días, pueden continuar su particular aventura en los tres hoteles que se encuentran a pocos minutos del parque: PortAventura, cien por cien mediterráneo; El Paso, como recién salido del México colonial, y Caribe, que nada tiene que envidiar a los resorts antillanos. Además, sus huéspedes disponen del Beach Club, un espacio exclusivo situado en la Platja Llarga de Salou, o pueden jugar al golf en los tres campos inaugurados en 2008.

VISITA A PortAventura

● TAMI-TAMI*

Probablemente los niños se mueran de ganas por subirse al **Dragon Khan** o a otras atracciones en las que por edad o estatura no está permitida su entrada. No hay mayor problema. Existen otras especialmente diseñadas para ellos, como esta montaña rusa infantil donde los gritos de los chavales también están asegurados. Un minuto para contener el aliento, con un ascenso y cuatro caídas. La longitud de la vía es de 209 m y la velocidad máxima que adquiere el tren (2 personas por vagón) es de 34 km/h.

● CANOES

Atracción infantil en la que los más pequeños podrán viajar en canoa y descubrir los lagos y canales de Polynesia. Como el **Tutuki Splash** pero en chiquitito, con su descenso y todo. Dura 2 minutos, suficiente para que los niños se diviertan.

● KON-TIKI WAVE

Es el tradicional barco pirata que se puede ver en todos los parques de atracciones, pero al estilo de Polynesia, impulsado por gigantescas olas que permiten su balanceo. Para disfrutar al máximo, lo mejor es situarse en las últimas filas o en los asientos de los extremos. Dura 2 minutos.

ESPECTÁCULOS

● ALOHA TAHITÍ**

Recién llegados de la Polinesia francesa, los chicos y chicas de este espectáculo son los más famosos del parque. También los más exóticos. Su actuación tiene lugar todos los días

Espectáculos de Polynesia.

(varias veces, dura 25 minutos) en el **Teatro de la Playa,** un graderío en semicírculo al lado del río. Mientras el Gran Jefe anima al público a participar con sus cantos y sus aplausos, el grupo de bailarines ejecuta danzas de amor y de guerra, de celebración y de fiesta, como **El baile de los mosquitos,** al son de exóticos instrumentos de madera y a golpes de percusión. Hay arena, guirnaldas al cuello, pareos... y una ceremonia de iniciación en toda regla para la cual se requiere la presencia de algún amable espectador. Sentarse en las primeras filas es lo que tiene. Durante la temporada alta (entre junio y septiembre) se realizan dos pases especiales por la noche en donde el fuego es el protagonista: danzas en las que los bailarines muestran sus habilidades con las antorchas. Al final de cada show, siempre posan para sus fans.

● AVES DEL PARAÍSO**

¿Alguien sabe cómo es un calao trompetero? ¿Y un marabú? Pues sí, una persona: Paco Navarro, especialista en aves exóticas que abarrota cada día el graderío del **Makumana Garden** con pájaros de lo más pintorescos. Cuidado con las cabezas, los guacamayos azules y sus compañeros pueden llegar volando desde cualquier punto del teatro. El presentador introduce a las aves, juega con ellas y cuenta al público sus peculiaridades, de una forma muy didáctica y clara, para que todo el mundo lo entienda. Un diez para él, por su simpatía, y otro para Freddy, la cacatúa de cresta amarilla, Lolita, el loro amazónico de nuca amarilla, y el Señor Casanova, un casuario, de origen prehistórico (atención a sus patas de dinosaurio), el único que se puede ver en Europa en un espectáculo.

Paco Navarro pedirá la colaboración del público en más de una ocasión, pero si quiere asegurase de ser el elegido en la demostración que realiza con aros, pídalo a los asistentes. Al contrario de lo que ocurre en otras funciones, las filas del medio suelen estar más despobladas, ya que están en el trayecto elegido por las aves para volar. No hay que preocuparse: todo aquí está bajo control y es precisamente desde donde más se disfruta. El espectáculo dura 30 minutos —se hacen cortos— pero conviene llegar con al menos 10 minutos de antelación. Todo el mundo sabe que éste es un gran show.

● PAREOS EN BORA-BORA

En el mismo **restaurante Bora Bora,** dos bailarines y tres músicos enseñan a quien lo desee a ponerse un pareo como los dioses mandan. ¡Hasta mil formas diferentes de colocárselo! Por supuesto, requieren de la participación del público.

● ISLA BUFFET*

Dos náufragos estrafalarios sobreviven en una isla habitada por caníbales; mientras buscan con qué alimentarse, se ven envueltos en divertidas situaciones y acaban cocinando todo tipo de platos. Este espectáculo de marionetas cautiva a los niños con su ritmo y humor. Se estrenó en 2008, dura 25 minutos y se representa en el teatro Mers du Sud durante los meses de julio y agosto.

● NOCHES DE FUEGO EN TAHITÍ*

En las noches de verano, el **Teatro de la Playa de Polynesia** se ilumina con antorchas para crear el ambiente propicio en una celebración protagonizada por el fuego. Los ritos tradicionales de Tahití se ilustran con danzas, acrobacias y música en directo. El espectáculo dura media hora y conviene llegar con antelación pues el aforo se completa rápidamente. El mejor lugar para verlo es la zona central del teatro.

Aloha Tahití (Polynesia)

CHINA

La **Gran Muralla China** bordea este fantástico lugar, repleto de palacios y pagodas y endulzado por música de acordes orientales que llega hasta el último rincón. La sombra del esqueleto del **Dragon Khan** lo inunda todo, pero no por eso el resto de atracciones y espectáculos se quedan pequeños. Aunque aquí todo está al servicio de ese gigantesco animal cuya silueta roja se ve ya desde la carretera, mucho antes de llegar a las puertas de acceso a PortAventura, es esta área junto a la de *Far West,* la que más juegos propone. Se divide en dos zonas, la **China Alta** y la **China Baja,** aunque al final casi todo el mundo confluye en la **Plaza Imperial,** donde además del Gran Teatro y una fuente que habla, hay una terraza con bancos donde descansar un rato y hacer que las piernas dejen de temblar tras superar el vértigo y los latidos desacompasados que produce subirse a la escalofriante montaña rusa de esta área. Como curiosidad, cabe destacar que el **Gran Templo Imperial** es el teatro más grande de Tarragona y que, además, posee doble acceso: también se puede entrar a él desde la **Gran Pirámide Maya** de *México*.

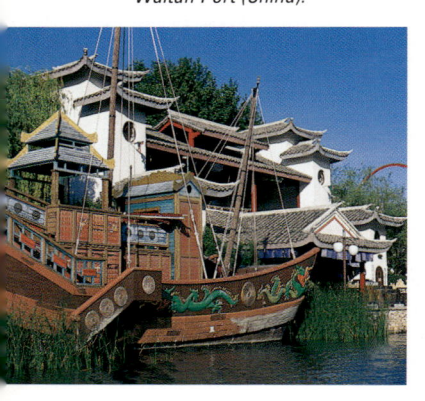

ATRACCIONES

● **WAITAN PORT***

Perfecta recreación de un muelle oriental en el **Yang-Tse** (el río Amarillo). No es una atracción en sí misma, sino el puerto desde donde zarpan las barcas con dirección a *Mediterrània*, o adonde arriban, según se mire, después de atravesar los ríos del *Far West* y éste de China. El **Gran Barco del Emperador** suele estar amarrado en el mismo puerto.

● **COBRA IMPERIAL**

Ni es venenosa ni pica. Quizás por ello es especialmente indicada para los niños, aunque no es una atracción estrictamente infantil. Esta gran serpiente se mueve en círculos a sus anchas. Divertido.

● **TEA CUPS**

De todos es sabido que la ceremonia del té es algo más que una simple costumbre en China. Y PortAventura no lo olvida. Estas gigantescas tazas supuestamente de porcelana giran sin parar junto a una descomunal tetera. Hay que tener la cabeza muy bien puesta sobre los hombros. Las cosas como son, marea un poco.

● **ÁREA INFANTIL**

Es una de las dos áreas expresamente dedicadas a los niños con las que cuenta el parque. Hay globos aerostáticos, cometas sobre las que subirse y volar, bebés de dragón que suben y bajan y un dragón más grande convertido en tobogán (Dragon Climbing). Un parque infantil a lo grande y con cierto

Waitan Port (China).

CHINA

sabor oriental. Las niñas seguro que prefieren pintarse la cara con un poco de maquillaje de fantasía. El área infantil dispone además de escenario y lavabos.

● **DRAGON KHAN***

¿Cuántas cosas se pueden hacer en 2 minutos y 9 segundos? A bordo del Dragon Khan sólo una: chillar. Eso sí, no vale cerrar los ojos. La mítica montaña rusa batió dos récords cuando fue inaugurada en 1995: ocho inversiones y el *looping* más alto creado hasta entonces, nada menos que 35 m de diámetro. Otras atracciones la han superado posteriormente, pero sus números siguen siendo de infarto: 45 m de altura máxima, 1.285 m de recorrido y 110 km/h de velocidad máxima.

La atracción incluye, además, movimiento sacacorchos y movimiento bumerán. Llegar hasta aquí y no subir a uno de los trenes (cuentan con 28 plazas cada uno) es una pena. Pero si el visitante es de los que prefiere estar con los pies bien pegados al suelo, debe saber que puede colocarse estratégicamente en una esquinita, la de la derecha (hay otras escaleras de acceso hasta este punto) para, al menos, disfrutar desde abajo de lo que no se atreve a hacer allá arriba.

Una vez cruzado el arco de entrada, custodiado por dos dragones, ya no hay marcha atrás posible. Lo primero que veremos es la gran cabeza del dragón, para después prestar más atención a su esqueleto, sobre el que se deslizan tres trenes (7 filas de 4 asientos cada una): uno azul, uno verde y uno morado, aunque normalmente el recorrido sólo lo hacen dos de ellos. Más vale que conozca bien el trayecto antes de subir, ya que una vez arriba no tendrá tiempo de reconocerlo. Es el siguiente: primero, una curva ligeramente suave, que precede a un ascenso a 38,5 m de

Dragon Khan, arriba y Fumanchú, abajo (China).

altura respecto a donde se encuentran las taquillas. Después de pasar una curva de 90° a la derecha, comienza la primera bajada de 40 m donde se alcanzan los 110 km/h, para pasar inmediatamente por un *looping* vertical gigante a 38 m de altura. Luego viene un *Dive Loop,* un *Zero-G-Roll* y el famoso *Cobra Roll,* tras el cual el tren sube hasta la zona de frenado de emergencia para volver a lanzarse sobre una bajada en curva hasta un *looping* vertical. En este momento aún quedan por delante muchas emociones: tres curvas peraltadas y dos *Corkscrew.*

El Dragon Khan cuenta con servicio de PortAventura Express y Photo Ride. Nada más bajar hay monitores donde cada cual aparece retratado junto a un número de referencia. Basta pedir la imagen en papel de dicho número para llevarse ese recuerdo. Vienen con su propio marquito, aunque también se puede pedir la misma foto, en miniatura, dentro de un llavero.

● FUMANCHÚ

Estamos en la zona de los valientes. Si después de darse un viaje por las nubes a bordo del **Dragon Khan** se quiere seguir derrochando un poquito de adrenalina pero sin respingos en el estómago, nada como desafiar a Fumanchú y su carrusel oriental. Las típicas sillas voladoras de toda la vida donde está terminantemente prohibido balancearse y sacar las manos.

JUEGOS

● SAM-PAM BOATS

Más barcos de control remoto –éstos son chinos cien por cien–, para demostrar la pericia del capitán de turno. No hay que esquivar las dianas, sino chocar contra ellas y esperar a ver qué sucede.

● CAMPAMENTO MONGOL

Esta zona es todo un respiro. De lo que se trata aquí es de recuperar el ritmo normal de pulsaciones por minuto jugando y ganando algún que otro premio. Quien más y quien menos querrá llevarse un Pájaro Loco a casa, así que éste es el lugar donde debe intentarlo. Hay otra área idéntica, pero con decoración texana, en el *Far West*. Cada uno de los puestos reproduce aquellas tiendas en las que dormían los mongoles durante sus viajes. Éstos son los juegos que encontrará en ellas:

Globus Bala. Lanzar globos de agua contra el enemigo, aunque haya puestos defensivos, siempre puede ser divertido.

Llaunes. Aquí lo que toca es derribar dados con sacos.

Les Copes. Quien cuele más bolas en las copas de colores podrá llevarse a casa un pato o una oveja de peluche.

Bola Loca. Un mazo, una ruleta de la suerte... y un *muppet* (teleñeco) de regalo.

Boca Molls. Suerte y premios dependen del número de la bola escogida.

Milk Cat. Para adoptar a Mafalda o a Felipe hay que colar el mayor número de bolas posibles en las lecheras.

Basket de les Estepes. Llevarse al Increíble Hulk es tan sencillo, o tan complicado, como meter una pelota en una canasta.

Tic Tac Toc. Es necesario tener buena puntería para lanzar los dados, que pasen la línea y que coincidan con el color. ¿El premio? El mismísimo Woody o un personaje de la familia Simpson.

Los Cubos. Meter una bola en un cubo es bastante fácil, pero aquí hay que hacerlo de rebote: primero hay que dar al escudo de un guerrero chino.

Las Botellas. Para habilidosos, cuantas más anillas se queden en el cuello de la botella, mejor será el premio.

ESPECTÁCULOS

● XU XOP XOU

En todo parque que se precie, ya sea de atracciones o no, siempre debe haber un hueco especial para las marionetas. Y PortAventura no podía pasarlo por alto. *Xu Xop Xou* tiene lugar en el **Teatro de Marionetas** del área infantil, frente al Campamento Mongol. Algo va a ocurrir en una zapatería encantada cuando los dos zapateros chinos que la regentan se marchen a descansar. Los zapatos y las herramientas de los maestros cobran vida al caer la

CHINA

> ### *Un poco de historia*
>
> *PortAventura no hubiera existido si los todopoderosos estudios Disney no hubieran buscado, a finales de la década de los ochenta, el mejor lugar donde sentar las bases de un parque temático a lo grande. ¿Tarragona o París?, se preguntaron los responsables del proyecto después de descartar Londres y algún que otro lugar de Italia. La balanza cayó del lado de la capital francesa para desesperación de la Generalitat de Catalunya. Sin ganas de olvidarse del asunto y con la intención de lanzar un órdago a papá Disney, desde el Gobierno autonómico se empezó a conceder todo tipo de ayudas para que se pusiera en marcha de una vez por todas ese sueño tanto tiempo anhelado, aunque en esos momentos en España nadie tuviera la más mínima idea de lo que era un parque temático. Después de muchos esfuerzos y discrepancias varias (a punto estuvo de llamarse Tibi Gardens, para mayor gloria de sus dos principales accionistas, Grand Tibidabo y Busch Gardens), PortAventura quedó oficialmente inaugurado el 1 de mayo de 1995.*
>
> *Con la famosa frase "mucho más que un parque de atracciones" y el logotipo de un sol amarillo con cinco planetas a su alrededor, hoy desaparecido, el macroinvento logró llevarse al público de calle en apenas unos meses de vida. Los años siguientes fueron los de afianzamiento, con la construcción de nuevas atracciones y la presentación de espectáculos cada vez más llamativos, hasta que en 1998 Universal Studios anunció su entrada en el accionariado, lo que implicaba el gran salto internacional y la posibilidad de crecer y crecer casi sin medida.*
>
> *PortAventura pasó a llamarse Universal Port Aventura y vio surgir dos hoteles y otro parque, en esta ocasión acuático. En 2002 pasó a llamarse Universal Mediterránea, pero en 2004 Universal Studios vendió su participación a su actual propietario, el grupo bancario La Caixa, y PortAventura recuperó su nombre primigenio, esta vez sin separación para poder registrarlo. Desde entonces, el parque temático se ha convertido en un enorme* resort *que ha crecido con nuevas atracciones, un tercer hotel, tres campos de golf, un club cerca de la playa de Salou y (próximamente) un centro de convenciones con capacidad para 4.000 personas, siempre bajo la atenta mirada de Woody Woodpecker –el Pájaro Loco, si se prefiere–, elegido mascota de este singular parque.*

noche. Hará las delicias de los niños durante 20 minutos.

● **XIAN-MEI Y EL PEQUEÑO OSO PANDA**

Más marionetas, esta vez en el teatro del **puerto Waitan.** El argumento narra la aventura de Xian-Mei, una niña que encuentra un pequeño oso panda perdido y lo ayuda a encontrar a su mamá. Especial para niños.

● **BUBBLEBOU**★★

El **Templo Mágico Jing Chou** acoge un espectáculo tan sencillo como cautivador. Agua y jabón es lo

VISITA A PORTAVENTURA

que necesita un genial artista para crear un mundo de burbujas de todas las formas, tamaños y colores. Su fragilidad y la increíble habilidad para moldear las pompas mantienen al público en vilo durante más de 20 minutos.

● CHINA TOWN★★

El **Gran Teatro Imperial** es el escenario en el que 16 acróbatas ejecutan arriesgadas piruetas, cabriolas y coreografías. El argumento cuenta cómo el mago Hubertus, aburrido de la monótona vida cotidiana, lanza un hechizo sobre sus conciudadanos y los convierte en poderosos atletas, capaces de convertir actividades sencillas en impresionantes acrobacias. El espectáculo destaca por sus cuidados decorados, que recrean las calles del barrio chino de una gran ciudad.

● FANTASÍA MÁGICA DE CHINA

No estamos en Praga, sino de nuevo en el **Templo Mágico Jing Chou,** cuya entrada está presidida por un dragón amarillo, réplica de otro idéntico que se encuentra en Shangai. El espectáculo es toda una demostración de que el teatro negro también tiene su importancia en Oriente: abanicos que se sostienen solos –o, al menos, eso es lo que parece–, objetos voladores, maestros de la sabiduría oriental... Sin lugar a dudas, uno de los shows más interesantes y plásticos de todos cuantos pueden verse en PortAventura.

ANIMACIÓN EN LA CALLE

La **Plaza Imperial** no sólo es un área de descanso. En ella ocurren cosas... En cualquier momento comenzarán a llegar personajes que pedirán ayuda a los visitantes. Además de los tradicionales (Woody y compañía) por aquí se deja caer de vez en cuando el Emperador y su corte, que puede reclamar la colaboración de los paseantes para sujetar su sombrilla. En cualquier momento pueden aparecer malabaristas haciendo exhibiciones con platos o acróbatas en motocicло.

Pero la **Fuente Parlante** es la gran estrella. No es una animación callejera al uso, pero como se desarrolla al aire libre, también en la Plaza Imperial, la incluimos en este apartado. Es uno de los grandes misterios que tiene el parque. ¿Una fuente de piedra que habla? Pues sí. Tiene forma de dragón, cuenta leyendas y bromea con los curiosos que se acercan a ella. Que nadie la saque de sus casillas. Cuando se enfada, suena un silbido y se pone a lanzar agua. No es el **Tutuki Splash,** pero los más osados pueden acabar empapados.

Fiestas temáticas

Son tres las grandes fiestas que se celebran cada temporada en PortAventura: Carnaval (de finales de marzo a mediados de abril), Halloween (de finales de septiembre a mediados de noviembre) y Navidad (de finales de noviembre hasta el 6 de enero). En cada una de ellas, todas las áreas del parque se decoran convenientemente y se abren atracciones alegóricas, como la Selva del Miedo en Halloween –un pasaje del terror ubicado en Polynesia– o El Bosque Encantado, un recorrido navideño en busca de la casa de Papá Noel.

MÉXICO

Al son de los siempre animados mariachis, el área de México es una perfecta recreación de un poblado maya de la península de Yucatán donde no falta la réplica de la **Gran Pirámide de Chichen Itzá,** que hace las veces de teatro, al que se puede acceder también desde *China*. Es quizás la zona más tranquila del parque; cuenta también con su propia atracción estrella, aunque la mayor parte de la gente viene aquí a reposar. Un buen sitio para tomar un refresco o, si se atreve, una margarita. Cuate, cuate, aquí hay... muchas sorpresas.

ATRACCIONES

● EL DIABLO-TREN DE LA MINA*

Si se accede al área de México desde China, ésta es la primera atracción con la que nos encontramos. Es una montaña rusa de las de toda la vida... ¿Seguro? Todo tiembla en el trayecto (971 m) por la antigua mina de plata. Muchas emociones que harán que este viaje en tren –dicen que lo conduce el diablo en persona– sea inolvidable. Los vagones (en total 6, de tres filas cada uno) alcanzan una altura de 10 m en tres ocasiones y una velocidad, también máxima, de 60 km/h. Los más valientes deben sentarse en las últimas filas; las del centro, por contra, son las más indicadas para los miedosos. La atracción dura unos 3 minutos y dispone de servicio PortAventura Express.

Para reponerse, nada mejor que pasar a la posteridad sentado en el coche abandonado que se encuentra justo enfrente del Diablo. Subir a él no cuesta nada.

● LOS POTRILLOS

Los pequeños e improvisados jinetes disfrutarán subidos a lomos de estos tradicionales caballitos móviles. Duración: 1 minuto.

● HURAKAN CONDOR**

La última atracción incorporada al área de México provoca casi tantos gritos como el Dragon Khan. No es para menos: sus *víctimas* se precipitan en caída libre desde los 86 m de altura. Para que vayan entrando en calor, nada más cruzar las puertas de un enorme templo azteca, los visitantes son reci-

El Diablo, Tren de la Mina (México)

VISITA A PORTAVENTURA

bidos por una avalancha de efectos especiales en forma de luces, sonidos y viento: es el dios del mal tiempo que ha provocado una tormenta, cuya fuerza los conducirá a lo alto de la torre, a casi 90 m del suelo. Allí, mientras unos contemplan las impresionantes vistas, otros se percatan de que sus pies sólo pisan aire. Luego, el pánico: tres segundos de caída libre en los que se alcanzan los 115 km/h. Quienes no tengan suficiente con ello, pueden elegir las góndolas que se inclinan hacia el vacío. A la salida, por supuesto, espera la tienda donde recoger la Photo Ride o comprar toda clase de recuerdos.

● ARMADILLOS

Sólo para niños: alegres animalitos que no paran de dar vueltas. Duración: 2 minutos.

● YUCATÁN

Una serpiente con cabeza de dragón dispuesta a asustar al más valiente: gira y gira sin parar. Este tiovivo gigante parece no detenerse nunca, pero lo hace. Sólo dura 2 minutos.

● SERPIENTE EMPLUMADA

Esta otra serpiente se contornea, da vueltas y hasta vuela por los aires a gran velocidad. Es un animal sagrado, hay que respetarlo. Dura 2 minutos.

● EL TEMPLO DEL FUEGO★★

Inaugurado en marzo de 2001 y avalado por el prestigioso premio Tea (Themed Entertainment Association) a la mejor atracción del mundo del año 2003, el Templo del Fuego se ha convertido en una de las sensaciones de PortAventura. En realidad, todo el mundo quiere ir aunque pocos saben lo que les espera dentro, por mucho que hayan oído hablar de sus magníficos efectos especiales, muy al estilo Hollywood. En concreto, ésta, que se encuentra en el corazón de una selva mexicana, a dos pasos de la Gran Pirámide Maya, es la atracción que reúne el mayor número de efectos de agua y fuego del mundo.

El edificio donde tiene lugar esta aventura, por la que hubiera firmado el propio Indiana Jones, cuenta con 827 m^2 de superficie, 14 m de altura y tiene capacidad para albergar a 1.800 personas por hora. Los pases tienen lugar cada 10 minutos.

Entremos en situación. Estamos en los años 30. En un recóndito lugar de la selva mexicana un grupo de arqueólogos realiza excavaciones en un templo azteca. Desde una de las tiendas de campaña se recibe el eco de una emisora que emite noticias, entre las cuales se escucha una que alerta sobre extraños sucesos. Los visitantes siguen avanzando a pie y llegan a la entrada del templo, la **Cámara de los Misterios,** donde la arqueóloga Carmen

Serpiente Emplumada (México).

MÉXICO

Cadena les da la bienvenida (en español e inglés). Es ella quien explicará a sus invitados los significados de los jeroglíficos y las leyendas sobre un tesoro que se esconde en el interior del templo, detrás del **Muro de los Miedos,** en la **Cámara Real,** junto al altar del Dios Xiuhtecuhtle, el dios del Fuego, protegido por un maleficio. Si se profana, se desatará su ira.

Paulo Pompidou, su ambicioso compañero, hace caso omiso a Carmen y engatusa a los visitantes para que le acompañen al interior en busca del preciado tesoro. El maleficio se cumple y la laguna (3.000 m^3 de agua) que se encuentra protegiendo el altar y las joyas comienza a arder y... habrá que entrar para saber cómo continúa la acción. Sólo un detalle: es la atracción más calurosa del mundo. El efecto de los cañones de fuego es el que producirían más de un millón de cerillas ardiendo a la vez. Pero que nadie se preocupe, la atracción es totalmente segura, todo está controlado por seis ordenadores conectados entre sí, incluso la espectacular llamarada frontal (Pomp Fire) que por dos veces parece querer rozar el rostro de los espectadores. Se estima que construir y rematar con precisión El Templo del Fuego costó en torno a los 30 millones de euros. Ahora bien, puestos a criticar, le pondremos una pega: los visitantes son espectadores pasivos... una pena que no se les haga "sufrir" un poco.

Dispone de servicio PortAventura Express.

ESPECTÁCULOS

● RITMOS DE AMÉRICA**

Cuando uno se acomoda en la butaca del **Gran Teatro Maya,** ubicado dentro de la **Gran Pirámide,** y los 20 bailarines entran en escena, se tiene la sensación de haber sido teletransportado a otro continente. Es un espectáculo de primera, de esos que uno nunca quiere que terminen (dura unos 25 minutos), en el que se plasman todo tipo de bailes sudamericanos. Un rico vestuario y una excelente puesta en escena, apoyada en un proyector que crea decorados virtuales, refuerzan la brillantez de este entretenido recorrido por las danzas tradicionales de América Latina. El teatro dispone de asientos preferentes para los usuarios del servicio PortAventura Express.

● MÉXICO EN VIVO

Desde las 13 h y hasta las 16 h el **restaurante-autoservicio La Cantina** se convierte en cita obligada. No sólo porque sea la hora de la comida, sino porque es el momento elegido por un grupo de mariachis para cantar rancheras, valses mexicanos y corridos al ritmo de guitarrón, guitarra, vihuela, trompetas y violines. Varias parejas de bailarines se encargan de mostrar los bailes tradicionales de cada provincia. No hay mejor acompañamiento para las delicias de la cocina mexicana.

ANIMACIONES EN LA CALLE

México se presta como ninguna otra área a la animación callejera. Además de los personajes emblema del parque (Woody y Winny llevan puestos trajes charros), es posible ver al mismísimo Zorro batiéndose en duelo con el enemigo, a los hombres de la frontera, mariachis, Lupitas... Y además un carromato de lo más peculiar, donde la dulce Chavelita tratará de persuadir a su padre, un sargento con carácter, para que consienta su matrimonio. Cuidado. Los más incautos pueden acabar subidos en él.

FAR WEST

La última de las áreas temáticas, o la primera, según se inicie el recorrido, es también la más espectacular. Su recreación de un viejo poblado del Lejano Oeste llamado **Penitence** es perfecta. En realidad, uno llega a tener la sensación de haberse colado en una película de Clint Eastwood. Todos y cada uno de los espectáculos que aquí tienen lugar sirven aún más para reforzar esa idea. Hay chicas de *saloon*, sheriffs, pistoleros buenos y pistoleros malos, un banco, un periódico, una fuente de la que sale el agua por cubos acribillados a balazos... Penitence se divide en tres partes: el **cementerio,** junto a la frontera con México y rodeado de tribus indias, la calle principal (**Main Street**) y la **zona minera,** donde quien más y quien menos parece haber sido atacado por la fiebre del oro. Por tener, este pueblo tiene hasta su propia historia. Llegue el día que llegue, siempre será 4 de julio de 1876, día del centenario de la Independencia de los Estados Unidos.

Si sólo cuenta con una jornada para realizar su visita al parque, la recomendación es clara: dese prisa en visitar las demás áreas y disfrute de ésta. Sólo pasear por aquí ya vale la pena.

Área de Far West.

ATRACCIONES

● TOMAHAWK**

Situada en el área de los indios americanos, el Tomahawk es la montaña rusa para los más pequeños. Dicho así cualquiera puede imaginar que es una atracción normal y corriente, para niños y sin emoción alguna. Al contrario. Tomahawk dispone de una pista que se entrelaza con la montaña de madera del parque, la temida **Stampida**. Ahí es nada. Preparen a los chavales porque van a gritar de lo lindo. La atracción dura 2 minutos y está formada por dos trenes de cinco vagonetas cada uno, con una capacidad total de 20 pasajeros. O lo que es lo mismo, puede acoger hasta 1.000 pasajeros por hora. Éstos son sus números: 447 m de vía, 50 km/h de velocidad máxima y 15 m de altura, también máxima. Es la única montaña rusa para niños que se entrelaza con una de adultos en todo el mundo. Dispone de Photo-Ride.

● STAMPIDA**

Montaña rusa de madera que, junto al **Dragon Khan**, es una de las grandes estrellas del parque. Todo un emblema de PortAventura. Además de ser la primera montaña rusa del planeta que se entrelaza con una para niños (**Tomahawk**), tiene un cruce frontal de dos trenes que circulan en sentido inverso único en el mundo. Para su construcción se necesitaron 1.771 pilotes para las cimentaciones, 1.440 toneladas de madera que representan 141 km lineales, 38.724 tornillos y 450 kw de potencia eléctrica instalada.

Stampida dispone de dos pistas en paralelo cuyos trenes compiten entre ellos: uno rojo (el de la derecha) y otro azul (izquierda). Cuando toman la salida ambos trenes circulan a la vez, pero tras pasar el primer túnel se

FAR WEST

separan hasta llegar a ese increíble cruce frontal entre los dos. Después, vuelven a colocarse a la misma altura y prácticamente hacen juntos lo que queda de recorrido hasta llegar al final, momento en el cual se sabrá quién ha sido el vencedor.

Stampida no es una atracción sin más, también tiene su propia historia, ya que rememora el sistema que empleaban antiguamente las familias para adquirir un terreno. Durante la colonización nunca había tratos ni contratos de por medio; para decidir quién se quedaba con la parcela de rigor se realizaba una carrera de carretas tiradas por caballos. Quien llegaba primero, se quedaba con la tierra. Según cuenta la historia de Penitence, el poblado ficticio del Far West, los primeros que consiguieron un terrenito aquí fueron los Connery y los Cranberry, a quienes se homenajea de forma especial en Stampida.

Cada una de las vías de esta atracción mide 953 m. Esta peculiar montaña rusa alcanza una velocidad máxima de 72 km/h y una altura de 26 m. Su fuerza máxima de gravedad en circulación es de 2,5 gs.

Dispone de Photo Ride y servicio PortAventura Express.

● **VOLPAIUTE**

Al lado del **cementerio** y rodeado de cactus, la tribu india de los volpaiute aguarda a los piel blanca. Nadie perderá su cabellera, sólo un poco la cabeza de tantas vueltas como da esta gigantesca plataforma, con 12 cabinas de 4 plazas cada una, que llega a alcanzar una altura considerable.

● **CARROUSEL**

Los caballitos y las carrozas del Far West se han quedado atrapados en este tiovivo, que gira y gira al ritmo de la música de un organillo. Según cuentan las crónicas de Penitence acaba de ser colocado justo aquí para festejar el centenario de la Independencia de los Estados Unidos de América. Ideal para los más pequeños.

● **PENITENCE STATION***

No es una atracción, sino la estación donde culmina su trayecto el tren de la Union Pacific Rail Road, que parte de *Mediterrània* y que también funciona en sentido inverso. Se

Penitence: Main Street (Far West)

VISITA A PortAventura

puede aprovechar el tiempo de espera echando un vistazo al interior de la estación en cuyas paredes hay imágenes que recuerdan la unión de la costa este y oeste de los Estados Unidos, además de una reproducción del clavo de oro que sirvió para juntar definitivamente esas líneas. Una vez instalados en el tren, el recorrido pasa por el propio Far West –los raíles atraviesan la **Silver River Flume**–, la **Gran Muralla China**, *Polynesia* –pasa al lado del **Tami Tami**–, de nuevo el Far West –**zona minera**– y *Mediterrània,* área de destino donde, tras cruzar dos puentes, se encuentra la **Estació del Nord.**

● SILVER RIVER FLUME

La mejor, o al menos más divertida, forma de conocer el **río Colorado** es sobre estos troncos, que admiten hasta 5 pasajeros. Aunque parezca increíble, los botes, que circulan por un canal de 700 m, se entrecruzan con el **Tren de la Mina** de *México* en un punto del recorrido. La atracción se prolonga durante 550 m y cuenta con tres ascensos y tres caídas.

El edificio alrededor del cual se sitúa esta atracción es un **aserradero,** propiedad de la Silver River Milling & Lumber Co., cuyo eslogan principal no es otro que "las tablas más rectas del mundo".

Dispone de servicio PortAventura Express.

● BUFFALO RODEO

Coches de choque con forma de búfalo para los niños, en la zona minera del Far West, cerca de los rápidos.

● WILD BUFFALOS

Justo al lado, los coches de choque más divertidos del Far West, también con forma de búfalo. La pista está situada en el interior de un edificio que reproduce aquellos que había junto a las minas de oro de los Estados Unidos. Sólo para adultos.

● CRAZY BARRELS

También en un edificio minero, 24 barriles dando vueltas sin parar.

Volpaiute

Carrousel (Far West)

FAR WEST

● GRAND CANYON RAPIDS*

PortAventura presenta esta atracción como el rafting más rápido del Oeste. Lo que es seguro es que es una de las más divertidas, en la que no sólo disfrutan los que van sentados dentro de la gran barcaza circular –otra vez toca sacar el impermeable–, sino también aquellos que se han quedado fuera. Navegar por este río de 550 m encajonado entre rocas, tiene sus peligros. Estamos en el Oeste, así que mucho cuidado con los pistoleros. Puede que los improvisados vaqueros no conozcan de nada a sus víctimas, pero se lo pasarán en grande disparando contra sus enemigos con las pistolas de agua situadas en puntos estratégicos de esta verosímil representación del Gran Cañón del Colorado. Cada lancha dispone de espacio para 9 pasajeros, que tendrán que superar un ascenso y dos zonas cubiertas, además de oleaje, cascadas… durante un minuto y medio. La tematización sigue siendo minera: las herramientas que se pueden ver a lo largo del recorrido son las empleadas en la extracción del oro.

Dispone de Photo Ride y servicio PortAventura Express.

● LABERINTO BLACKSMITH

La destartalada casa del ladrón Blacksmith es un reto para los niños, que pueden recorrer todas sus habitaciones y recovecos mientras intentan hallar los escondrijos del legendario malhechor.

ESPECTÁCULOS
COUNTRY MUSIC

● LOS FORAJIDOS DE PENITENCE*

Son seis tipos duros a los que les encanta suavizar sus ademanes cantando la mejor música country del Far West. Actúan en **The Old Steak House,** siempre en directo. Una gozada escuchar las canciones del solista, acompañado por una guitarra eléctrica, otra acústica, un bajo, un banjo y una batería. Suelen estar 30 minutos sobre el escenario, animando las comidas.

● PENITENCE DIXIE BAND*

Continuamos con música, esta vez procedente de la Penitence Dixie Band, formada por 10 músicos (cantante, clarinete, banjo, batería, pianista, saxo alto, saxo tenor, trompeta, trombón y tuba) que actúan cada día delante de la **Penitence Station.** Su repertorio es dixie y está sacado del de las viejas bandas de música de la comunidad negra de Nueva Orleáns, allá por los años 20. Se caracterizan por ser temas muy alegres que en sus tiempos se ejecutaban en las calles. Completa el espectáculo un número teatral sobre la historia de un músico muy bromista del Far West. Duración: 15 minutos.

● FORT FRENZEE*

En toda película de vaqueros que se precie siempre tiene que haber un bueno, un malo, una chica, un poblado desierto y un duelo. Si a todo esto le añadimos un poco de acción a base de golpes, tiros, saltos desde los tejados, caballos y diligencias, tenemos *Fort Frenzee,* un espectáculo a cargo de un grupo de brillantes especialistas que actúan con gran éxito de público en el **Western Stunt Show.** Realmente entretenido, lo que nos lleva a hacer una encarecida recomendación al público: hay que procurar llegar al menos diez minutos antes de la función para coger buen sitio en las gradas (el espectáculo dura 25 minutos). Lo mejor es sentarse en el centro, justo frente al escenario. Que a nadie le asusten las primeras filas, los actores no solicitan participación voluntaria. Muchos efectos especiales para contarnos sin palabras el intento frustrado de un grupo de malhechores por robar la caja fuerte de un banco que acaba siendo dinamitada. A ver quién es el más rápido en pescar billetes en la lluvia de dólares que tiene lugar tras la explosión.

● THE CAN CAN SHOW*

Aquí sí que se forman colas. Diez minutos antes de que comience el espectáculo, ya no cabe un alfiler en este **Long Branch Saloon,** de aforo muy limitado. Así que quien quiera disfrutar del espectáculo debe acudir por lo menos quince o veinte minutos antes de que comience para poder coger un buen sitio. Merece la pena, pero no sólo por ver a las señoritas bailando el cancán, sino por la función teatral en sí misma, muy bien interpretada por un predicador, la dueña del cabaré, su amante y un crupier escogido entre el público. Predicador y amante se juega el *saloon* a las cartas y luego se baten en duelo. En total, dura unos 15 minutos, que saben a poco. Hay canciones, baile, teatro y diversión asegurada. Mientras se disfruta del espectáculo se puede tomar un refresco con su repectivo aperitivo (chicken fingers). El *saloon* está perfectamente decorado, al más puro estilo del Far West. Atención al cuadro que hay en las escaleras: está realizado con monedas de dólar.

● MAVERICK, EL TAHÚR**

Debe su nombre al personaje que Mel Gibson interpretó en aquella famosa película de tramposos jugadores de cartas que protagonizó junto a Jodie Foster. Este Maverick puede que no sea tan atractivo, pero resulta infinitamente más simpático. Magia, lo que se dice magia, hace poca, pero su espectáculo es probablemente el que más risas provoca en todo PortAventura. El show tiene lugar muy cerca del **Western Stunt Show,** al aire libre, junto al carromato del propio mago. El tahúr pedirá la colaboración del público en más de una ocasión, que deberá aguantar el tipo ante su verborrea. Gustará igual a grandes y pequeños... hasta es posible que repita. Su actuación dura unos 30 minutos, pero hay que ser puntual si el visitante no quiere convertirse en blanco seguro de los chistes de Maverick, el personaje más políticamente incorrecto de todo el parque.

ACTUACIONES EN LA CALLE

Además de los personajes habituales de PortAventura y de Shrek, que de vez en cuando se deja ver por aquí, otros muchos se pasean por las calles de **Penitence:** predicadores, forajidos, un pobre hombre que perdió su dinero a las cartas y ahora va tapado sólo por un barril, los zombis que a medianoche salen del **cementerio...** y, cómo no, la Brigada del Far West. Puede que los vea apagando un incendio o colocando la pancarta que conmemora el aniversario del centenario de la Independencia de los Estados Unidos. De entre todas las actuaciones callejeras nos quedamos con el numerito que realiza Jack Seller, *"the king of inventions",* el vendedor de inventos y elixires más ingenioso del Far West. ¿Quién se atreve a subir a su carromato verde y ser su conejillo de Indias? Espera a los más osados en la **calle principal** de Penitence, al lado del **Emma's.**

JUEGOS

● PENITENCE ARCADE

Justo al lado del **Saloon,** la **Penitence Arcade,** en la calle principal,

FAR WEST

es el paraíso de los amantes de las máquinas de juego, las más novedosas y las de toda la vida.

● **SHOOTING GALLERY**

Un grupo de vaqueros son atacados... ¿por quién? Prueba de puntería en toda regla.

● **COWBOY GAMES**

Forma, junto con el **Campamento Mongol,** la única área de juego que recrea esos puestos de ferias indispensables en cualquier verbena. Los Cowboy Games acaban de ser instalados, dice la historia, para conmemorar el centenario de la Independencia de los Estados Unidos. Pues habrá que celebrarlo bien: no se puede salir de este parque con las manos vacías. Así que es hora de derrochar unos cuantos euros y conseguir un recuerdo para colocar junto al cabecero de la cama. Éstos son los juegos que propone esta zona, situada frente al carrusel:

Yo Yoo Punch. La tecnología llega al Oeste. La diana a la que deben disparar los improvisados vaqueros es un ordenador. De regalo, un Epi o un Blas.

Sala de Foot-Ball. Probablemente a John Wayne nunca le hubiera dado por jugar un partido de fútbol en pleno Oeste, pero en Far West todo está permitido. El balón debe ser introducido en uno de los seis agujeros disponibles. El portero es un vaquero.

Milk Cat. Hay que colar las bolas en las lecheras gigantes. El premio es el mejor de los posibles, un Woody gigante.

Bushel Basket. Baloncesto a la vaquera; en lugar de cestas hay cubos.

Short Range Basketball. Lo mismo pero con cestas. La recompensa, muñecos de los Simpson.

Bean Bag Toss. Aquí de lo que se trata es de derribar latas lanzando sacos. ¿El premio? El mismísimo gato Garfield o la fiel esposa de Popeye, Olivia.

Rising Waters. Doce jugadores participan en esta intensa carrera. ¿Quién llegará antes? ¿El Pato Lucas?

Cat Rack. Quien derribe el mayor número de payasos se llevará un peluche de Stuart Little.

Miner's Hoople. La suerte está echada. Cada bolsa esconde un regalo.

Goblet. Para llevarse un Rugrat a casa hay que colar el mayor número de bolas en las copas de color.

Balloon Pop. Un mago desafía a los más osados a introducir una anilla en un curioso alambre.

Target Shooting. El juego de los dardos tiene como premio peluches de los Muppets, pitufos, Epi y Blas...

Roll a Bale. Lo único que hay que demostrar aquí es habilidad y colar las bolas en los agujeros.

Fishy Fishy. Quien pesque más patos con la caña se llevará un pez gigante multicolor.

Pop Gun. Para conseguir una muñeca de peluche basta con tirar tres vasos con la bola que lanzan las pistolas.

Cactus Jack's Ring Toss. Hay que colocar con mucho cuidado las anillas en el cuello de las botellas. No es tan sencillo como parece. La recompensa: una serpiente gigante.

Wiggle Wire. Una máquina, una bola, ¿quién sabe hacerla circular por el lado correcto?

Chupa-Chups. Uno de los puestos más concurridos. No hace falta ser especialmente hábil, sólo acertar al elegir el chupa-chups adecuado. Algunos tienen premios: peluches de las Supernenas, jarras de cerveza gigante...

Frog Bog. Las ranas se han ido de casa y no saben volver. Hay que recolocarlas en sus respectivos nenúfares. ◆

BENVINGUTS
BIENVENIDOS
WELCOME - BIENVENU

BAHAMA BEACH

Caribe Aquatic Park

Atracciones:
- El Triángulo de las Bermudas ★★
- The Mambo and Limbo ★
- Barracudas ★
- El Tifón ★
- El Torrente ★★
- La Laguna de Woody ★
- Junior Body Slides

Espectáculos

Juegos

Inaugurado en 2002, Caribe Aquatic Park, situado junto al párking preferente, constituye el segundo parque temático de PortAventura. Inspirado en los paisajes y arquitectura colonial típica de las islas caribeñas, este peculiar espacio, donde el agua de color azul turquesa lo inunda todo, muestra un exuberante paisaje tropical formado por más de 43.000 plantas, entre las que se encuentran 360 palmeras gigantes. Un equipo de diseñadores de decorados trabajó lo suyo aplicando innovadoras técnicas del cine y la televisión para conseguir que los visitantes se olviden por unos instantes de estar en la Costa Daurada y crean haber cruzado el charco hasta Cuba o República Dominicana. Aquí el río Loco adquiere categoría de mar, con olas y otros efectos acuáticos, como cortinas de agua y burbujas.

En total, Caribe Aquatic Park ocupa 34.262 m², con 11.500 m² de zonas ajardinadas, 1.000 m² de atracciones y juegos y más de 4.700 m² de láminas de agua, sin contar el espacio dedicado a la playa, las edificaciones y los paseos públicos. Como no podía ser de otra forma, el parque acuático, único tematizado en Europa, cuenta con su propio solárium para disfrutar del sol entre chapuzón y chapuzón, y de playa privada, la Bahama Beach, artificial, eso sí, equipada con más de 1.700 tumbonas y hamacas.

Dividido en dos zonas, una al aire libre y otra cubierta, Caribe Aquatic abre todo el año, aunque durante la época invernal sólo puede ser utilizada la zona interior. No funciona como guardería, pero casi: es el lugar perfecto para que los mayores dejen a los chavales mientras ellos disfrutan de las atracciones más impactantes de PortAventura.

El Gran Caribe es la principal instalación de Caribe Aquatic Park. Se trata de un edificio con gran cristalera abatible que permite que en invierno se convierta en una zona climatizada. En total, son 9 gigantescas puertas de cristal, de seis metros de altura, que mantienen el interior aislado del frío durante el invierno. Tiene un volumen de 25.000 m³ de agua y para su construcción se necesitaron 250.000 kilos de estructuras de acero. Dispone de 3 jacuzzis, 4 toboganes, una sauna, una zona infantil y un restaurante. Un enorme mural de 800 m², pintado a mano, adorna la parte posterior del Gran Caribe, y una reproducción a escala de un avión de época, suspendido 10 m por encima del suelo, consigue que los visitantes se sientan como si estuvieran a orillas del mar Caribe.

La zona exterior del parque ofrece una variedad de recorridos acuáticos y atracciones de primera categoría internacional.

VISITA A PortAventura

Woody, la mascota

Hoy en día todo el mundo le llama Woody, pero de siempre fue conocido en España con el nombre de Pájaro Loco. La mascota de PortAventura tiene más de 60 años de vida, aunque parece más joven que nunca. A pesar de que lo verá por las calles de PortAventura sin abrir su enorme boca, a buen seguro que se acordará de que este personajillo posee la risa más famosa de toda la historia de los dibujos animados. ¿Recuerda ese incordión jejejeje, jejejeje?

Su creador fue Walter Lanz, que agarró lápiz y papel durante su luna de miel, harto de tener que soportar los ruidos de los pájaros carpinteros que picoteaban el tejadito de madera de su apacible cabaña cada vez que se ponía a llover. Y es que, aunque hoy haga carantoñas y mimos a grandes y pequeños, su misión fue siempre la de dar la lata. Hasta tal punto llegaba la cosa que durante años fue considerado el personaje más políticamente incorrecto de Estados Unidos. En sus historietas, además de sacar de quicio al más pintado, se consumían grandes dosis de alcohol y tabaco. Y, claro, eso era toda una osadía. Woody Woodpecker, su verdadero nombre, fue protagonista de 197 cortos y 350 películas de dibujos. Su padre, Walter Lanz, recibió un Oscar honorífico en 1978 por su contribución al cine animado y, en especial, por la creación del que muchos conocían como Loquillo.

ATRACCIONES

● EL TRIÁNGULO DE LAS BERMUDAS**

Es el corazón de Caribe Aquatic Park. En ningún lugar de Europa hay otra piscina como ésta. ¿Qué tiene de especial? Su aspecto —simula un fuerte caribeño, con cañones que disparan agua— y sus olas, que dividen esta concurridísima atracción en dos: una zona para los más atrevidos, con olas que alcanzan hasta los 1,5 m de altura, y otra para los más tranquilos, con olas mucho más suaves.

● THE MAMBO AND LIMBO*

Toboganes entrelazados que salen de una de las torres. Mambo es amarillo y Limbo rojo. Hay que elegir sólo uno, aunque en los dos se pueden vivir momentos de máxima tensión... y velocidad.

● BARRACUDAS*

Es el único tobogán del que se puede descender de dos en dos. Es importante subir hasta la parte más alta, no sólo con flotador, también con las ideas claras: ¿la barracuda verde o la barracuda azul? En cualquiera de las dos, túneles, curvas y bajadas de vértigo.

● EL TIFÓN*

Dos toboganes accesibles desde el edificio principal, al cual van a desembocar, pasando primero por encima del **Río Loco.** A mitad del recorrido, fuertes turbulencias en la más absoluta oscuridad.

● EL TORRENTE**

Rafting familiar en balsa que desciende por remolinos de aguas embravecidas. En cada flotador pueden

CARIBE AQUATIC PARK

Caribe Aquatic Park.

ir hasta cinco personas, que tendrán la sensación de salir volando en cualquier momento, sobre todo en las curvas y en las espectaculares bajadas.

● LA LAGUNA DE WOODY*

Área dedicada a los más pequeños con todo tipo de juegos: olas, bicicletas de agua, géiseres, toboganes... y un gran cubo que los refrescará cuando menos se lo esperen.

● JUNIOR BODY SLIDES

Toboganes de uso exclusivo para niños.

ESPECTÁCULOS

● NOCHES DEL CARIBE

Una gran fiesta para los más trasnochadores en la zona cubierta de Caribe Aquatic Park. Desde las 23 h, música de DJ's, salsa, luces, cócteles... e incluso atracciones acuáticas. Son fijos Woody y sus amigos, Reggae Man y Cook Mango.

JUEGOS

● JUEGOS DE AGUA

Exclusivamente para los niños. Toboganes, cubos, redes, chorros de agua... hasta un *baby bungee* en la piscina cubierta, en el **Gran Caribe**.

● PISCINA INFANTIL

Las olas del Triángulo de las Bermudas llegan hasta aquí, el mejor lugar para que los pequeños jueguen con los difusores y las barcas hinchables.

● CARIBE CLIMBING

En el **Gran Caribe**. Toboganes y piscinas de bolas.

● VOLEIBOL

En toda playa que se precie no podía faltar un balón, una red... Utilizar la pista es totalmente gratuito, sólo es necesario dejar una fianza, a la hora de recoger la pelota, que se devuelve una vez se entregue el balón. ◆

VISITA A LA CIUDAD DE TARRAGONA

- La Tarragona romana
- La Tarragona medieval
- La Tarragona moderna (siglos XVI-XIX)
- La Tarragona modernista y contemporánea
- Los monumentos romanos de los alrededores

Visita a la ciudad de Tarragona

Cuando en el año 2000 la Unesco declaró Patrimonio de la Humanidad las reliquias romanas de Tarragona se puede decir que se hizo justicia. Fundada por Publio y Cneo Escipión en el año 218 a.C. Durante muchos siglos, Tarraco presumió de ser la capital de la provincia más grande del imperio y la primera fundación romana en el continente después de Italia y las islas. Su decadencia llegó al mismo tiempo que la de Roma. Fue evangelizada por San Pablo, arrasada por los visigodos, conquistada por los musulmanes y recuperada por los cristianos gracias a Ramón Berenguer III en 1118. Durante la época medieval influyó, y mucho, el poder de la Iglesia, que dejó obras magníficas en sus calles, como la catedral. En el siglo XIX se impulsó la actividad de su puerto y Tarragona se quedó para siempre con ese espíritu comercial que aún hoy mantiene. ◆

Planificación de la visita

*La visita a la ciudad de Tarragona se organiza en cinco itinerarios fundamentales, y complementarios entre sí, estructurados a partir de los periodos históricos más relevantes de la ciudad y sus monumentos más representativos. Así, la primera ruta recorre el amplio legado romano en la ciudad, e incluye la indispensable visita al museo dedicado (casi exclusivamente) a los tesoros arqueológicos de la ciudad. El segundo itinerario plantea una visita a la ciudad medieval, estructurada en torno a la catedral y enmarcada dentro del popular Barri Alt. En tercer lugar sugerimos conocer la ciudad que creció entre los siglos XVI y XVIII en el exterior del antiguo recinto amurallado. El cuarto recorrido pretende dar a conocer los edificios y espacios más representativos de la Tarragona contemporánea y del legado modernista en la ciudad, como el teatro Metropol, la casa Salas o el Balcó del Mediterrani, un perfecto mirador sobre el mar. Y finalmente volvemos al periodo romano con un recorrido por los principales vestigios del entorno de la ciudad, algunos tan conocidos como el acueducto o el arco de Berà. Si el viajero dispone de poco tiempo, lo más recomendable es centrar la visita en los lugares marcados con dos estrellas (★★), imprescindibles para conocer la ciudad. Para facilitar el uso de la guía hemos incluido un plano de Tarragona. La letra y número que figuran entre paréntesis junto a un monumento o lugar de interés, por ejemplo la **catedral** ★★ (A2), indican el cuadrante del plano donde se localiza dicho monumento o espacio destacado.* ◆

SIGNOS CONVENCIONALES EN LOS PLANOS

- Edificios de interés turístico
- Parques y jardines
- *i* Información turística
- Calles peatonales
- Vía rápida de circulación
- **P** Aparcamientos

La Tarragona romana

- Murallas romanas y paseo Arqueològic★
- Foro Provincial
- Museu Nacional Arqueològic★★
- Circo romano★★
- Torre del Pretori★
- Anfiteatro romano★★
- Foro de la Colonia y basílica paleocristiana
- Teatro romano★
- Necrópolis paleocristiana★

● MURALLAS ROMANAS Y PASEO ARQUEOLÒGIC★ (A1-2)

Las famosas murallas de Tarragona constituyen la parte más antigua de la ciudad, puesto que fueron la primera gran construcción que los romanos llevaron a cabo en el lugar, un año después de establecerse allí. La primera fase se realizó entre los años 217 y 197 a.C., para ser ampliadas posteriormente entre los años 150 y 125 a.C. De todas formas, el aspecto actual del recinto amurallado responde también a las importantes reformas de ampliación emprendidas entre los siglos XVI y XVIII, con el alzado de nuevos tramos y la edificación de diversos fortines, como el baluarte de Santa Bàrbara y el fortín Negre.

Las murallas romanas tenían en su origen una longitud de 4 km, de los cuales sólo se conserva un sector de aproximadamente 1 km, situado en la parte alta del núcleo antiguo. De la primera fase de construcción se preservan íntegras las **torres** de **Cabiscol** y **Minerva,** esta última conocida así por la presencia de un relieve de la diosa. Del tramo amurallado por los romanos en la segunda fase de construcción, en la que el cerco creció en extensión y altura, se conserva el **portal dels Socors,** situado muy cerca de

Muralla de la ciudad

VISITA A LA CIUDAD DE TARRAGONA

la torre de Minerva o de Sant Magí (como también se conoce) y muy transformado en épocas posteriores, sobre todo a raíz de la Guerra de Sucesión. Esta era la puerta más importante del recinto romano, la que permitía el acceso rodado a la urbe de los carros que venían por la antigua Vía Heraclea, conocida siglos más tarde como Vía Augusta.

En el año 1932 se abrió a los pies de la muralla romana el llamado **paseo Arqueològic,** una agradable vía peatonal que circunda la muralla. En este mismo paseo se hallan las esculturas dedicadas al emperador Augusto y la loba capitolina, ambas regalo de la ciudad de Roma. Al inicio del paseo Arqueològic, concretamente entre los jardines del Camp de Mart y la Rambla Vella, se abre la **Via del Imperi Romà,** una de las avenidas más emblemáticas de la ciudad, y presidida por una imponente columna romana.

La Tarragona romana

El imperio que nos queda

Si resulta apasionante darse un paseo por el Anfiteatro, a orillas del mar, o intentar imaginar las carreras de aurigas en lo que queda de Circo, no lo es menos recorrer el casco antiguo en busca de pequeñas huellas del pasado. En sus tiempos la parte alta de la ciudad estaba formada por las murallas, el Circo romano, la plaza de la Representación del Foro Provincial y el Recinto de Culto. Pues bien, hoy en día es posible encontrar y admirar restos arqueológicos que se corresponden con los citados recintos monumentales. Al aire libre, en una esquina, en una plaza... Y, lo que es más sorprendente, en restaurantes, supermercados, pubs y oficinas institucionales. Descubrirlos puede resultar algo más que entretenido y ayudará bastante a comprender la relevancia de aquella Tarraco imperial. En total existen unos 40 puntos donde intentar una fabulación a la romana. Trazar una ruta para visitar todos ellos no resulta demasiado complicado. Las reliquias más interesantes se encuentran en el restaurante Les Voltes (Trinquet Vell, 12) –con bóvedas, gradas, podio, acceso a la arena del Circo y muro de cerramiento a la plaza del Foro Provincial–, en el bar El Cau (Trinquet vell, 2) –con bóveda de sostén de la tribuna presidencial del Circo–, en el supermercat El Podium (plaça de la Font, 29) –con el podio del Circo– y L'Antiquari (Santa Anna, 3), café musical con muros originales del foro provincial.

● **FORO PROVINCIAL*** (A2)

En época del emperador Vespasiano, en el año 73 d.C., se construyó, en la parte más elevada de la Tarraco imperial, el Foro Provincial, principal centro económico y político de la provincia romana. No fue, sin embargo, el único foro de Tarraco, pues también estaba el Foro Local, centro administrativo de la ciudad.

Tras un largo periodo de frenética actividad pública y social, el Foro Provincial dejó de funcionar a principios del siglo V. De su estructura se conservan diversos muros de la antigua ágora, además de los pedestales de una serie de estatuas que estuvieron dedicadas a los flamines imperiales, es decir, los sacerdotes encargados del culto imperial.

El espacio central del antiguo Foro Provincial es hoy la concurrida **plaza de Representació del Fòrum Provincial,** uno de los principales epicentros de la vida social y cultural de Tarragona, popular punto de encuentro en el casco viejo, con multitud de bares y terrazas de gran encanto y regusto histórico.

● **MUSEU NACIONAL ARQUEOLÒGIC DE TARRAGONA**** (A2)

Bajando de la plaza de Representació del Fòrum Provincial por la ca lle de Santa Anna se desemboca en la amplia y dinámica plaza del Rei. Allí se encuentran las instalaciones del Museo Nacional Arqueològic, el más antiguo de Cataluña en su especialidad. Aunque el actual museo se fundó en el año 1960 con el fin de dar cabida a los numerosos restos arqueológicos

VISITA A LA CIUDAD DE TARRAGONA

que se iban hallando en la ciudad, el origen de sus fondos y la exhibición de éstos se remonta a la primera mitad del siglo XIX.

Mosaico de la Medusa del Museu Nacional Arqueològic.

El museo se estructura en 10 salas (distribuidas en 4 niveles), en las que se expone una notable colección de objetos y piezas de arte procedentes de las numerosas excavaciones de la ciudad y de los alrededores de la *Tarraco* imperial. El nivel inferior está dedicado exclusivamente a la arquitectura romana, con planos y esquemas de los edificios más destacados de la ciudad, y fragmentos de éstos, como los correspondientes al Anfiteatro o al Circo romano. Las salas de la primera planta exponen un sinfín de objetos de uso cotidiano en época romana, como los utilizados en el culto religioso o en las tareas domésticas. Una de estas salas está dedicada exclusivamente a los objetos relacionados con el mar, dada la importancia de la pesca y el tránsito marítimo para la Tarragona romana.

La segunda planta es quizá la más interesante de la muestra, con la mayor colección de mosaicos y esculturas romanas en Cataluña. Entre los vistosos mosaicos cabe señalar la perfección técnica del **mosaico de la Medusa,** una obra del siglo II d.C. dedicada a la diosa de la sabiduría y las artes. Otro magnífico ejemplo de esta especialidad artística es el **mosaico de los Peces,** conocido con este nombre por las 47 representaciones de fauna marina de su conjunto. Entre las muestras de escultura destacan piezas como el **busto** de mármol **de Luci Ver** (hermano del emperador Marco Aurelio) y el **busto de la diosa Minerva.**

La visita al museo se completa con un apartado referido al poblamiento romano en la zona, con especial atención a la villa romana de els Munts (Altafulla) y al mausoleo de Centelles, situado en la población de Constantí. Además, se proyecta un excelente audiovisual sobre la ciudad de *Tarraco*.

● CIRCO ROMANO★★ (A2)

Si desde la plaza del Rei se acaba de descender la calle de Santa Anna, al final de ésta se verán los restos del Circo romano. De todas formas, se accede a su interior desde la vecina torre del Pretori, o bien a través de una puerta abierta sobre el sector de muralla erigido al final de la Rambla Vella (frente al hotel Imperial Tarraco) que da acceso a la cabecera oriental del Circo, la parte excavada mejor conservada del conjunto. El circo fue, sin duda alguna, el espectáculo de masas más popular en el mundo romano. En este recinto se disputaban las famo-

LA TARRAGONA ROMANA

sas carreras de carros, tirados generalmente por dos o cuatro caballos (bigas o cuadrigas), y conducidos por los legendarios aurigas, que debían completar un circuito de siete vueltas.

El Circo de Tarragona fue construido a finales del siglo I d.C., en época del emperador Domiciano. Su estructura responde a los cánones clásicos para este tipo de edificios, con una planta rectangular de 325 metros de longitud y 115 de anchura, espacio que permitía albergar a casi 30.000 espectadores. Las potentes bóvedas del Circo cumplían una doble función: por un lado, eran los cimientos sobre los que se asentaban las gradas y la plataforma superior; y por otro, servían de corredores internos que permitían la distribución de los espectadores por todo el conjunto. Del edificio original se han conservado gran parte de estas bóvedas, algunos restos de su fachada y el *podium,* además de los cimientos de las monumentales puertas de entrada. El Circo funcionó como tal hasta el siglo V, momento en que empieza a ser utilizado para el uso residencial y como mercado. Por desgracia, en el año 1813 las tropas de Napoleón lo destruyeron parcialmente.

● TORRE DEL PRETORI* (A2)

Junto al recinto del Circo se levanta la torre del Pretori, conocida también con el nombre de castillo de Pilat. Esta antigua construcción romana fue edificada alrededor del año 73 d.C., aunque su aspecto actual responde a las profundas transformaciones sufridas en la Edad Media. Empleado durante siglos como palacio real, cuer-

---

Aquella primera muñeca

Mide 23 cm, está hecha de marfil y sus brazos y piernas son articulados. Así es la muñeca encontrada en el sepulcro de una niña de seis años en la necrópolis de Tarragona. No se trata de un hallazgo macabro, sino todo lo contrario. El juguete en cuestión pasa por ser la primera muñeca de la que se tiene noticia en Europa y es testimonio de los juegos infantiles de aquella época. Ésta, en concreto, data del siglo IV a.C. y pudo ser descubierta gracias a la costumbre que los romano-cristianos tenían de enterrar a los más pequeños junto a sus pertenencias. Apareció en el transcurso de unas excavaciones en la necrópolis en el año 1927 y desde entonces ha dado numerosos tumbos. Tras la Guerra Civil fue evacuada, junto a otras piezas de valor, al extranjero. En 1942 fue localizada en Francia y trasladada a Madrid, al Museo Arqueológico Nacional, encargado de su restauración. En 1945 volvió definitivamente a Tarragona, donde se puede admirar en la actualidad. De ella llama poderosamente la atención su peinado, con dos trenzas recogidas sobre la región occipital, al estilo de las emperatrices romanas. Al lado de esta valiosísima pieza se encontraron también hilos de oro, lo que hace suponer que la muñeca iba vestida con algún traje imitación de los que llevaban los adultos. Otras muñecas romanas han sido halladas en Europa, pero ninguna se conserva tan bien como ésta. El hecho de ser de marfil la diferencia del resto, casi siempre en hueso o arcilla.

VISITA A LA CIUDAD DE TARRAGONA

tel militar e incluso como prisión, el edificio conserva (pese a los desperfectos causados por el ataque de las tropas napoleónicas) una interesante sala gótica.

En nuestros días, la torre del Pretori acoge la sede del **Museu d'Història de Tarragona,** que exhibe valiosas piezas del pasado romano y medieval de la ciudad. Entre el fondo museístico cabe destacar el espléndido **sarcófago de Hipólito,** obra romana del siglo III d.C. rescatada del fondo del mar en 1948. Sus relieves narran el mito del hijastro de Fedra, quien, rechazada por él, propició su muerte a manos de un monstruo, enviado por Teseo, padre de Hipólito. Desde el balcón situado en la planta superior del edificio se obtiene una singular panorámica de la ciudad y del entramado de callejuelas de su casco histórico.

● **ANFITEATRO ROMANO**** (B2)

Muy cerca del Circo se encuentran situadas, entre el parque del Miracle y el mar, las ruinas del Anfiteatro romano, uno de los espacios más simbólicos del pasado romano de la ciudad. Esta construcción completó la trilogía de los edificios destinados al espectáculo (teatro, Circo y Anfiteatro), distintivos de toda ciudad romana de primer nivel. Su construcción en las afueras de la antigua urbe, donde hoy se abre el paseo de las Palmeres, no fue casual. Se emplazaba junto a la antigua Vía Augusta y muy cerca de la playa, lo que favorecía la descarga y custodia de los peligrosos animales (como leones y tigres) que formaban parte del espectáculo circense. Así, en el Anfiteatro se celebraban las épicas luchas entre gladiadores y fieras, uno de los espectáculos más populares en los tiempos del Imperio.

Vista del Anfiteatro desde el Circo romano

LA TARRAGONA ROMANA

Construido durante la segunda mitad del siglo I, sus restos aún muestran la característica forma elíptica, aprovechando la pendiente natural del terreno, con parte de su graderío o cávea excavado en la misma roca. Su estructura presenta dos partes: la arena y la gradería, esta última con una capacidad de casi 14.000 espectadores. La cávea se organizaba en tres niveles, plasmando de esta forma las diferencias sociales de la época. Así, las tres gradas del primer nivel o inferior estaban destinadas a las clases más privilegiadas, y el segundo nivel (10 gradas) a la clase media, mientras que las 11 gradas superiores eran ocupadas por el pueblo llano.

Pese a que su estado de conservación no es ni mucho menos el ideal, aún pueden verse parte de la gradería y los interesantes corredores y fosas en las que se alojaban los mecanismos escenográficos del espectáculo, además de los restos de la mayor inscripción romana conservada en el mundo.

Aparte de ser el escenario de encarnizadas luchas, el Anfiteatro era el enclave donde tenían lugar las ejecuciones de los condenados a muerte. Precisamente, en una de estas ejecuciones públicas fue quemado vivo el 21 de enero del año 259 el mártir San Fructuoso, primer obispo cristiano de Tarragona. Este hecho explica que tres siglos después, y tras la caída del Imperio, se erigiera en el centro del Anfiteatro una basílica visigótica, transformada en el siglo XII en la **iglesia** románica **de Santa Maria del Miracle,** cuyos restos se encuentran entre la misma arena y la gradería del Anfiteatro.

Actualmente está en proceso de restauración, para recuperar las bóvedas originales.

● FORO DE LA COLONIA Y BASÍLICA PALEOCRISTIANA (f.p.)

El Foro de la Colonia fue el centro neurálgico de las relaciones comerciales y de la vida religiosa en la *Tarraco* imperial. Así, en este punto de la ciudad se concentraba gran parte de la actividad pública, por lo que se convirtió en punto de encuentro y reunión de la élites locales. Fue, en definitiva, el centro de la vida social de la colonia.

En su origen romano era una gran plaza donde se hallaban los principales edificios administrativos y religiosos de la ciudad. Actualmente, los restos del Foro se encuentran delimitados por las calles del Cardenal Cervantes, del Gasòmetre y de Lleida. Precisamente, en esta última calle se pueden

VISITA A LA CIUDAD DE TARRAGONA

observar las ruinas de una **basílica paleocrisitana** construida en tiempos de Augusto, emperador que vivió en la ciudad durante dos años. La basílica, estructurada en torno a una nave central rodeada por columnas, conserva los fundamentos constructivos originales, aunque gran parte del edifico ha sido reconstruido y alterado. Entre las columnas, solo las sietes situadas en uno de sus ángulos son genuinamente romanas. Otros vestigios del Foro, tremendamente desdibujado por el crecimiento urbano de la ciudad moderna, son las diversas columnas y pedestales que rodeaban la antigua ágora.

● TEATRO ROMANO★ (f.p)

El teatro romano, situado a un centenar de metros del Foro de la Colonia, fue construido en la zona de extramuros de la antigua *Tarraco*, entre su área portuaria y el propio centro del Foro. En la actualidad, el teatro se sitúa entre la calle dels Caputxins y la iglesia de Sant Joan, cerca de la plaza de toros.

Pese a su maltrecho estado, conserva parcialmente los tres elementos estructurales básicos que definen el clásico teatro romano: la cávea (o gradería), la *orchestra* y la escena. El teatro fue construido en época del emperador Augusto para acoger las

Foro de la Colonia

Necrópolis y Museo Paleocristiano.

representaciones artísticas en la ciudad, también muy populares en la época, y se utilizó como tal hasta finales del siglo II, cuando fue ocupado por una serie de viviendas que reutilizaron sus materiales constructivos.

● NECRÓPOLIS PALEOCRISTIANA★ (f.p.)

Al este del teatro romano y del Foro de la Colonia, junto al cauce del río Francolí y la avenida de Ramón y Cajal, se erigen los restos de la necrópolis paleocristiana. Descubierta en el año 1923 a raíz de la construcción de una fábrica de tabacos, esta vasta necrópolis ocupa una extensión de más de 20.000 m^2. Fue utilizada durante los siglos III y IV para enterrar a los difuntos de *Tarraco*. Se calcula que consta de unos 2.000 enterramientos, de los cuales se ha podido recuperar un gran número de objetos mortuorios y sacramentales, como ánforas y sarcófagos. Entre éstos cabe destacar el hallazgo en la tumba de una niña de una **muñeca de marfil,** única en el mundo, y expuesta en el Museu Nacional Arqueològic.

◆

La Tarragona medieval

- Muralleta y torre de les Monges
- El Call★
- Catedral★★
- Palacio de la Cambreria★
- Capilla de Santa Tecla★

● MURALLETA Y TORRE DE LES MONGES (A2)

La Muralleta es el nombre popular que recibe un tramo de la muralla erigido a mediados del siglo XIV frente al Circo romano, con el objetivo de proteger la zona alta del recinto medieval. En sus orígenes esta obra defensiva contaba con varios torreones de planta octogonal, de los que tan sólo ha perdurado la **torre de les Monges** o **de Miramar**, torreón que custodiaba el recinto por su extremo occidental. Esta sólida torre militar fue restaurada durante la segunda mitad del siglo XV y mediados del XVI, momento en que se adosó al conjunto el **baluarte de Carlos V.** Junto a la Muralleta se halla la torre del Pretori.

● EL CALL★ (A2)

El Call es el barrio donde en época medieval residía la comunidad judía de la ciudad, la más importante de la zona en el siglo XIV. De su estructura urbana original ha perdurado hasta nuestros días el denso y retorcido entramado de callejuelas, uno de los sectores urbanos más interesantes de Tarragona. La zona del Call se extiende en torno a la **plaza dels Àngels,** antiguo epicentro de la judería. Sus arcadas, pórticos y la elegancia de los caserones medievales, son todo un reclamo para recorrer sus calles y descubrir algunos de los rincones más pintorescos de Tarragona.

Antiguamente, el barrio judío estaba aislado del resto de la ciudad y de la población cristiana. Así, sólo se podía acceder a él a través de las puertas situadas en los cuatro puntos cardinales, de las que no se ha conservado ninguna, aunque sí diferentes arcos sobre ciertas calles.

En la calle de Santa Anna, una de las que envuelve la antigua judería, se halla el **Museu d'Art Modern.** Inaugurado en el año 1976, este museo acoge una extensa colección

Plaza del Pallol.

de pintura y escultura de finales del siglo XIX y principios del XX, con piezas de autores tan diversos como Salvador Martorell, Josep Sancho, Santiago Costa y, especialmente, Julio Antonio. La obra de este último escultor catalán (nacido en Móra d'Ebre) ocupa varias salas del museo. Julio Antonio fue una de las personalidades más influyentes y controvertidas de la escultura española del siglo XIX. Además de las esculturas del museo, es autor del **monumento a los héroes catalanes** (1811) que preside la céntrica Rambla Nova.

● CATEDRAL★★ (A2)

Emplazada en la peculiar plaza de la Seu, en la parte más alta del núcleo antiguo de Tarragona, la catedral es el edificio medieval más notable de la ciudad. Su construcción se inició en el año 1171 sobre los restos de un antiguo templo romano erigido en honor a Júpiter, aunque no se consagró hasta el año 1331. Debido a los casi dos siglos que tardó en completarse la obra, el templo aglutina diferentes estilos arquitectónicos, aunque fundamentalmente constituye un ejemplo perfecto de la arquitectura de transición del románico al gótico. Aún así, en su interior pueden verse también excelentes muestras artísticas de periodos posteriores, como las correspondientes al Renacimiento y el barroco.

Se accede al conjunto monumental a través de su entrada principal, en la plaza de la Seu, o bien por uno de sus laterales, con entrada directa al claustro. La estructura del templo presenta una planta basilical de tres naves, a las que se añaden el crucero, el ábside y diversas capillas laterales. Entre sus joyas artísticas cabe señalar el magnífico **retablo** realizado en honor de la patrona de la ciudad, Santa Tecla, y que está considerado como una de las muestras de arte gótico más importantes de Cataluña. Esta obra cierra el ábside central y preside un altar Mayor que está rematado con bajorrelieves románicos esculpidos en alabastro, y que narran la vida de la santa titular. Además del retablo y del conjunto del altar Mayor, cabe destacar también otras muestras artísticas, como el **sarcófago del infante Joan d'Aragó,** el órgano renacentista y la laboriosidad de la sillería del coro, además de la suntuosidad de las **capillas** góticas **de Santa Maria** y **Sant Miquel.**

Portada
principal de la catedral.

La Tarragona medieval

Aparte del cuerpo central del templo, uno de los espacios más significativos de su conjunto es el grandioso **claustro,** al que se accede por una puerta románica presidida por un *Cristo en majestad*. Aunque presenta una clara estructura románica, el claustro incluye también elementos góticos en sus zonas reformadas en los siglos XIV y XV. Su planta rectangular se encuentra rodeada por una sucesión de columnas rematadas con capiteles ricamente decorados con motivos vegetales y fantásticos, como el peculiar capitel que escenifica la llamada "procesión de las Ratas".

Desde el mismo claustro se accede a las dependencias del **Museu Diocesà,** con importantes colecciones de tapices, objetos litúrgicos y piezas de imaginería religiosa.

Frente a la fachada de la catedral se abre la **plaza de la Seu,** singular ágora de estructura medieval donde cada domingo se celebra un atractivo mercado de antigüedades. Muy cerca de este enclave, en la calle de la Merceria, se alzan unos pórticos góticos del siglo XV que constituyen los únicos vestigios del antiguo mercado medieval de Tarragona.

● **PALACIO DE LA CAMBRERIA**★ (A2)

En los aledaños de la misma plaza de la Seu, junto a la fachada principal de la catedral, se eleva el palacio de la Cambreria, conocido también como casa Balcells. Este palacete fue la residencia del *cambrer* de la *seu,* segunda personalidad en importancia dentro del capítulo catedralicio. Construido a mediados del siglo XIV, el edificio acogió durante los dos siglos posteriores la residencia provisional de los miembros de la familia real que visitaban la ciudad. En su origen disponía de diferentes dependencias que se abrían al interior de la catedral, pero éstas fueron absorbidas por el edificio religioso tras la construcción, en el siglo XVII, de algunas de sus naves laterales.

● **CAPILLA DE SANTA TECLA**★ (A2)

Rodeando la catedral por su parte trasera se llega a la capilla de Santa Tecla la Vella, patrona de la ciudad. Este pequeño templete, construido a mediados del siglo XIII, es un bello edificio propio de la etapa de transición del románico al gótico. Entre sus elementos arquitectónicos cabe destacar la cubierta de crucería y la puerta con arco de medio punto. La capilla de Santa Tecla está vinculada al antiguo cementerio de la ciudad, por lo que en su interior se custodian los féretros de ilustres personalidades tarraconenses. ◆

Palau de la Cambreria (Casa Balcells).

La Tarragona moderna (siglos XVI-XIX)

- Casa Castellarnau★★
- Plaza de la Font y Rambla Vella★
- Casa Canals★★
- Fortificaciones de los siglos XVI-XVIII★

● CASA CASTELLARNAU★★ (A1)

La estrecha **calle Cavallers,** una de las más emblemáticas del casco histórico de Tarragona, se convirtió en el siglo XIV en la arteria principal del trazado urbano medieval, motivo por el que aquí se establecieron las familias más influyentes de Tarragona. Un magnífico ejemplo de las viviendas señoriales de aquellos tiempos es la casa Castellarnau, construida a inicios del siglo XV sobre parte de las bóvedas del Circo romano. Pese a sus orígenes medievales, el palacete ha sufrido diversas transformaciones vinculadas a diferentes corrientes arquitectónicas de siglos posteriores, especialmente las correspondientes al siglo XVIII. Así, su estructura presenta elementos góticos (como el patio), renacentistas y, sobre todo, barrocos. En la planta baja se pueden observar una serie de arcos apuntados que datan de los siglos XIV y XV, período al que se corresponden también la columnata de la escalera y los capiteles góticos del patio. A lo largo del siglo XVIII, con la adquisición del edificio por parte de la familia Castellarnau, se modificaron la fachada principal y sus dependencias interiores bajo los cánones del barroco. Actualmente, el edifico es de propiedad municipal, y sede de un pequeño **museo etnográfico y arqueológico,** además de acoger las oficinas del Museu d'Història de Tarragona. Su visita permite recorrer las diferentes dependencias de la casa, salones, dormitorios e incluso la biblioteca particular. El carácter barroco de los interiores queda plasmado en la gran cantidad de objetos y piezas de mobiliario de estilo isabelino, adquiridos por la familia Castellarnau durante su estancia en la casa. Como dato histórico, cabe recordar que aquí se alojó el monarca Carlos I durante su estancia en Tarragona en 1542.

Además de la casa Castellarnau, en la calle Cavallers se erigen otros notables ejemplos de palacetes nobiliarios, como la **casa Foxà** (núm. 11), la **casa Batlle** (núm. 6) y la **casa Montoliu,** actual sede del **Conservatori de Música de Tarragona.**

● PLAZA DE LA FONT Y RAMBLA VELLA★ (A1)

Desde la calle Cavallers se puede descender por la Baixada de la Misericordia hasta la **plaza de la Font,** que ocupa el espacio en el que antiguamente se extendía la arena del Circo romano y en el que posteriormente hubo parte de un antiguo convento de dominicos (posiblemente un sector de su claustro). La plaza debe su nombre a una **fuente** de cuatro caños situada en uno de sus extremos. Hoy es uno de los espacios más concurridos y dinámicos de la ciudad, repleto de hoteles, tabernas y terrazas, otro de los populares puntos de encuentro de los tarraconenses e indispensable para el viajero que quiera profundizar en la esencia de la vida tarraconense.

LA TARRAGONA MODERNA (SIGLOS XVI-XIX)

El edificio del **Ayuntamiento,** que preside la plaza, es una de las partes que se conservan del antiguo convento dominico, aunque muy reformado, tanto en sus dependencias interiores como en la fachada.

Muy cerca de la plaza de la Font, concretamente en la calle de la Nau, se encuentra el curioso **Museu d'Armes Antigues,** una extensa colección de armas de los siglos XIX y XX.

Si desde la plaza de la Font se toma la calle del Portalet se llega enseguida a la **Rambla Vella,** que marca el límite entre la Tarragona más antigua y los ensanches modernos. Esta larga avenida, que se extiende entre el parque del Miracle y la Via del Imperi Romà es una principales arterias de la ciudad, y aglutina gran parte de la vida social y cultural de la Tarragona moderna. Aparte de numerosos comercios, bares y restaurantes, que le otorgan un atractivo dinamismo, en ella se encuentran dos notables edificios religiosos: las iglesias de Sant Agustí y Sant Francesc. La **iglesia de Sant Agustí** formaba parte del antiguo convento del mismo nombre, construido en el siglo XVI y derruido a mediados del XVIII con el objetivo de abrir espacio a la actual plaza de Verdaguer. El templo, profundamente restaurado a principios de la década de 1990, conserva interesantes muestras arquitectónicas del siglo XVIII, como la notable fachada barroca y los dos campanarios octogonales que flanquean el conjunto. Si la profusa decoración de a fachada de Sant Agustí es su principal atractivo, no se puede decir lo mismo de la **iglesia de Sant Francesc,** templo del siglo XVIII mucho más austero. Como la parroquia de Sant Agustí, esta iglesia formó también parte de un antiguo convento franciscano, del que se conserva un claustro perfectamente integrado a la construcción posterior. Actualmente acoge la sede del **Arxiu Històric de Tarragona.**

● **CASA CANALS*** (A2)

En el número 11 de la calle de Granada, frente al portal de Sant Antoni, se encuentra la casa Canals, nombre con el que se conoce a la vivienda de una familia burguesa de Reus instalada en Tarragona a finales del siglo XVII. De estructura medieval, el

Ayuntamiento de Tarragona

edificio fue profundamente transformado según los cánones del neoclasicismo entre finales del siglo XVIII y principios del XIX, probablemente debido a la visita (en 1802) del rey Carlos IV con motivo de la inauguración del puerto de Tarragona.

Entre las dependencias de su interior destacan la **sala Principal,** destinada originariamente a salón de baile, la **capilla** y el llamado **dormitorio de Carlos V,** cómo no, uno de los espacios más lujosos del palacete. La decoración interior conserva todos los elementos propios de la época, desde el mobiliario a los objetos de uso cotidiano.

Junto a la casa se erige la espléndida **cruz de Sant Antoni** (1604) y el monumental **portal de Sant Antoni,** uno de los accesos mejor conservados al interior del recinto amurallado, construido entre los siglos XVI y XVIII.

amurallados, estructurados en torno a sólidos baluartes defensivos, como el **fortín Negre** (adosado a la muralla romana) y la **torre del Arquebisbe,** construido también sobre una antigua torre romana. Durante el siglo XVII se amplió el perímetro defensivo con la edificación de la muralla de Sant Joan y diversas torres vigías, conjunto demolido a finales del XIX para abrir espacio a la actual Rambla Nova y facilitar así la comunicación entre la parte alta de la ciudad y la zona de marina, y ensanchando la ciudad hacia el sur. A principios del siglo XVIII, dadas las necesidades militares de la Guerra de Sucesión, se inicia una nueva reforma y ampliación del sistema defensivo. Esta ampliación, llevada a cabo por el ejercito británico, se completó con la construcción de fortificaciones que aún perduran, como los **fortines** de **Sant Jordi** y **la Reina,** ambos erigidos con

Portal de Sant Antoni.

● **FORTIFICACIONES DE LOS SIGLOS XVI-XVIII**★ (A2)

A principios del siglo XVI la ciudad requirió la ampliación y mejora de su sistema defensivo, dados los avances de la época en artilugios de artillería y los frecuentes ataques piratas en la costa de Tarragona. Así, se construyeron o consolidaron diferentes tramos

el objetivo primordial de controlar el tránsito marítimo de la costa de Tarragona. Entre los restos amurallados del siglo XVIII destaca el ya citado **portal de Sant Antoni,** presidido por dos escudos (el Real y el de la ciudad) y unos relieves que simbolizan el Triunfo, además de una inscripción conmemorativa de la reforma realizada durante la segunda mitad del siglo XVIII. ◆

La Tarragona modernista y contemporánea

- Rambla Nova★
- Casa Salas★
- Teatro Metropol★
- Convento de las Teresianas★
- Balcó del Mediterrani★★
- Mercado Central
- Puerto★
- Las playas

Casa modernista. Rambla Nova.

● RAMBLA NOVA★ (B1)

La Tarragona actual tiene como principal eje comercial y de servicios la Rambla Nova, una amplia avenida, de casi un kilómetro de longitud, que se extiende entre la plaza Imperial Tarraco y el Balcó del Mediterrani. Fue abierta en 1854 y supuso el inicio del ensanche tarragonés tras el derribo de las murallas que encerraban la ciudad por el sur. Su holgura supone un auténtico contrapunto a las estrecheces del casco antiguo.

La avenida constituye uno de los espacios más agradables para pasear Tarragona, vital y dinámica, repleta de establecimientos comerciales de todo tipo. A lo largo del recorrido se van descubriendo diversos edificios decimonónicos de vistosas fachadas, aunque lo más destacable de la Rambla desde el punto de vista arquitectónico es la presencia del modernismo: la **casa Salas**, el **edificio de la Cambra de Comerç**, el **colegio de las Teresianas** o el **teatro Metropol,** son algunos de los mejores ejemplos de este movimiento artístico en Tarragona.

● CASA SALAS★ (B1)

En el número 25 de la Rambla Nova, justo en la esquina con la calle de Girona, se erige una de las obras más representativas del modernismo en Tarragona: la casa Salas. Proyectada en el año 1907 por el arquitecto Ramon Salas (al que debe también su nombre), este caserón fue la vivienda particular del propio arquitecto. La profusa decoración modernista del edificio, con coloristas formaciones de cristales y hierro forjado, además de la incorporación de elementos neogóticos, otorga al conjunto un aire de majestuosidad y elegancia. Constituye, si duda, uno de los edificios más ricamente decorados del patrimonio arquitectónico de la ciudad.

● TEATRO METROPOL★ (B1)

En el número 46 de la misma Rambla Nova se halla el edificio del teatro

VISITA A LA CIUDAD DE TARRAGONA

Metropol, otra excelente muestra del legado modernista en la ciudad. Construido en 1908, su estructura muestra todos los elementos propios de los cánones modernistas, haciendo uso en su construcción de materiales fácilmente moldeables, como el vidrio y el hierro forjado, materias que dan forma a curiosas escenas arquitectónicas evocadoras de la naturaleza y el misticismo. Años después de su inauguración, el Metropol pasó a ser la principal sala de cine de Tarragona, por lo que su interior fue acondicionado para tal actividad y, omitiendo su valor artístico, se taparon gran parte de las estructuras decorativas. Afortunadamente, a principios de la década de 1990 se inició una profunda remodelación con el objetivo principal de devolver al edificio su estado original, recuperando además su función teatral y los elementos decorativos más representativos de la estética modernista.

● CONVENTO DE LAS TERESIANAS (B1)

Otro de los edificios emblemáticos de la Rambla Nova y del ensanche de la ciudad es el antiguo convento de las Teresianas. Diseñado por el arquitecto Bernardí Martorell i Puig, uno de los discípulos aventajados de Antoni Gaudí, el edifico exhala la estética más sobria del modernismo, aunque sin perder la elegancia propia de este estilo. El edificio, totalmente construido en ladrillo, consta de una fachada de tres cuerpos, uno central que sobresale ligeramente y dos laterales que acaban en forma de torre. Además de su fachada, cabe destacar la capilla y la elegancia de su escalera noble.

● BALCÓ DEL MEDITERRANI★ (B1)

Frente al monumento a Roger de Llúria, erigido en la parte baja de la Rambla Nova, se abre el Balcó del Mediterrani, uno de los símbolos turísticos de la ciudad de Tarragona. Desde la balustrada de este perfecto mirador, elevado unos 35 m sobre el mar, se contempla una amplia panorámica de la fachada marítima de la ciudad. A un lado queda el **puerto,** al otro el **Anfiteatro romano** y enfrente la **playa del Miracle,** aunque el verdadero protagonista del mirador es el Mediterráneo, con su amplia perspectiva desde el cabo de Salou (al oeste) hasta la punta de la Móra, antesala de la población de Torredembarra.

● MERCADO CENTRAL (f.p.)

En los aledaños de la plaza Corsini, a la que se accede por la calle Cristòfor Colom desde la Rambla Nova, se halla el vistoso mercado central de Tarragona, un espléndido ejemplo de

Al fondo, la playa del Miracle.

La Tarragona modernista y contemporánea

la arquitectura más funcional del modernismo. Como otros edificios de este estilo y mismas funciones, las tres naves del mercado se alzan mediante una monumental estructura de hierro, coronada por una no menos espectacular bóveda en forma de cruz latina. A la colosal estructura se le suma un gigantesco armazón de cristal, que completa la espectacularidad de la obra. Construido en 1915, es obra del arquitecto Josep M. Pujol de Barberà, autor también del proyecto del teatro Metropol. Restaurado recientemente, su interior acoge un sinfín de paradas de los mejores productos de esta tierra, sobre todo de los mariscos y pescados frescos del Mediterráneo. Alrededor del mercado se organiza cada martes y jueves un colorido mercadillo con todo tipo de oferta, desde productos del campo de Tarragona a objetos de la artesanía local.

● PUERTO★ (f.p.)

Muchos de los productos del mar que se venden en el mercado central provienen directamente del trabajo de las flotas pesqueras del puerto de Tarragona, uno de los más importantes de España tanto por el volumen de capturas pesqueras como por su tráfico marítimo. Sus orígenes se remontan al antiguo puerto romano, aunque evidentemente las dimensiones actuales nada tienen que ver con las de hace dos milenios. A finales del siglo XV ya era un puerto de amplias dimensiones, aunque debe su fisonomía actual a las remodelaciones emprendidas a comienzos del siglo XIX, época en que se construyó también el **faro**. Uno de los atractivos del puerto es la tradicional subasta del pescado que tiene lugar todos los días por la tarde, cuando regresan a puerto los barcos y sus capturas. Junto al muelle pesquero se extiende el **puerto deportivo,** que es también uno de los puntos de reunión de la noche en Tarragona, con multitud de terrazas, bares y discotecas asomadas a las tranquilas aguas del muelle. Junto al puerto se emplaza el popular **barrio del Serrallo,** típico núcleo marinero (aunque muy transformado) repleto de restaurantes donde es posible disfrutar los platos más característicos de la gastronomía del mar.

● LAS PLAYAS (f.p.)

Además de la **platja del Miracle (B1-2)**, a la cual se accede bordeando el Anfiteatro, Tarragona cuenta con otras dos playas más: una pequeña, la **dels Cossis**, entre las puntas del Miracle y Grossa, y otra muy animada, la de l'**Arrabassada,** que surge pasada la Punta Grossa. De noche, esta playa acoge multitud de improvisadas fiestas en torno a sus chiringuitos. ◆

Playa de l'Arrabassada.

Plaça del Fòrum Provincial

Los monumentos romanos de los alrededores

- Pont del Diable★★
- Mausoleo de Centcelles★
- Torre dels Escipions★
- Cantera del Mèdol★
- Arc de Berà★★

● PONT DEL DIABLE★★

Desde Tarragona a Roma, pasando por Barcelona y la Galia, la **Via Augusta** fue un importante medio de comunicación durante el Imperio romano. Y después también. Aún hoy podemos seguir su rastro intentando buscar otros monumentos que, si bien no están dentro de la ciudad, no deben caer en el olvido a la hora de hacer una visita a la antigua *Tarraco*.

Pasado el passeig de les Palmeres hay que torcer a la derecha para meterse de lleno en la Via Augusta, que va a parar a la carretera. El **acueducto romano,** también llamado **Pont del Diable** o **aqüeducte de les Ferreres,** está a sólo 4 km de Tarragona en dirección a Valls por la N 240. No está demasiado bien señalizado, por lo que hay que estar muy atento. El acceso está a la derecha, donde hay que aparcar el coche para continuar a pie por un camino hasta

Acueducto romano (Pont del Diable).

dar con su imponente silueta de piedra anaranjada en medio de matorrales, en pleno *valle del río Francolí,* cuyas aguas canalizaba el acueducto hacia la ciudad. Se puede atravesar andando, lo cual es toda una experiencia, ya que tiene 27 m de alto y 217 m de largo. Su sólida estructura se sustenta sobre dos pisos de arcos superpuestos (11 en el inferior y 25 en el superior).

● MAUSOLEO DE CENTCELLES*

Muy cerca, también a 6 km de Tarragona, en la orilla derecha del río Francolí y ya en el término de Constantí, se encuentra el mausoleo de Centcelles, del siglo IV d.C., levantado sobre los restos de una antigua villa romana del siglo II d.C. Es uno de los monumentos funerarios más importantes de España, clave dentro del arte paleocristiano. El edificio está rematado por una cúpula decorada con mosaicos que representan escenas del Antiguo y del Nuevo Testamento, así como motivos de caza y de las cuatro estaciones. Se trata del mosaico de cúpula de temática cristiana más antiguo del mundo romano.

● TORRE DELS ESCIPIONS*

Dos kilómetros más allá, por la misma carretera que nos condujo al acueducto, siguiendo el trazado de la antigua Via Augusta, se levanta la torre de los Escipiones, a 6 km de Tarragona, a mano izquierda. Se trata de un monumento funerario que durante mucho tiempo se pensó que honraba a los hermanos Escipión, a quienes se debe el esplendor de *Tarraco* en la época del Imperio. Es un error hoy subsanado; lo único que se sabe es que la construcción data del siglo I d.C. Mide 9 m y se divide en tres cuerpos, si bien del último sólo se conserva una parte, ya que tenía forma piramidal. Las esculturas, que sí se intuyen todavía, representan a Attis, divinidad funeraria oriental.

● CANTERA DEL MÈDOL*

Entre la torre de los Escipiones y la localidad de Altafulla, a 8 km de Tarragona, aparece indicado El Mèdol. Hay que seguir la señal, dejar el coche y continuar caminando hasta llegar a un bello paraje rodeado de pinos y sotobosque mediterráneo que fue una de las canteras más utilizadas de la época romana en la provincia de Tarragona. Durante su momento de máxima actividad se extrajeron de aquí más de 50.000 m^3 de roca, de un característico color dorado. La excavación tiene unos 1.000 m de largo x 50 m de ancho y aún se pueden apreciar las huellas dejadas por la extracción de los gran-

Torre dels Escipions.

LOS MONUMENTOS ROMANOS DE LOS ALREDEDORES

des bloques en las paredes casi verticales. La magnitud del trabajo que en su día se hizo queda patente en el gran obelisco, de 16 m de altura, tallado en la piedra a medida que se llevaban a cabo las sucesivas extracciones. La entrada es libre, aunque los días de lluvia puede estar cerrado.

● ARC DE BERÀ**

El más alejado de los monumentos romanos que se sitúan en los alrededores de Tarragona es el arc de Berà, a unos 20 km de la ciudad, justo en medio de la carretera, en el municipio de **Roda de Barà.** Fue construido en el siglo I d.C. y bajo él pasaba la mismísima Via Augusta. Mide 12,28 m de alto y resulta bastante armónico, gracias a ese arco semicircular que culmina en una cornisa ornamentada flanqueado por dos pares de pilastras. ◆

Cantera del Mèdol, arriba, y arc de Berà, abajo.

EXCURSIONES POR LA PROVINCIA DE TARRAGONA

- El norte de la Costa Dorada: de Altafulla a El Vendrell
- Ruta de los monasterios
- De la Costa Dorada a las montañas de Prades
- El delta del Ebro
- De Tortosa a Els Ports de Beseit
- Tierras interiores del Ebro

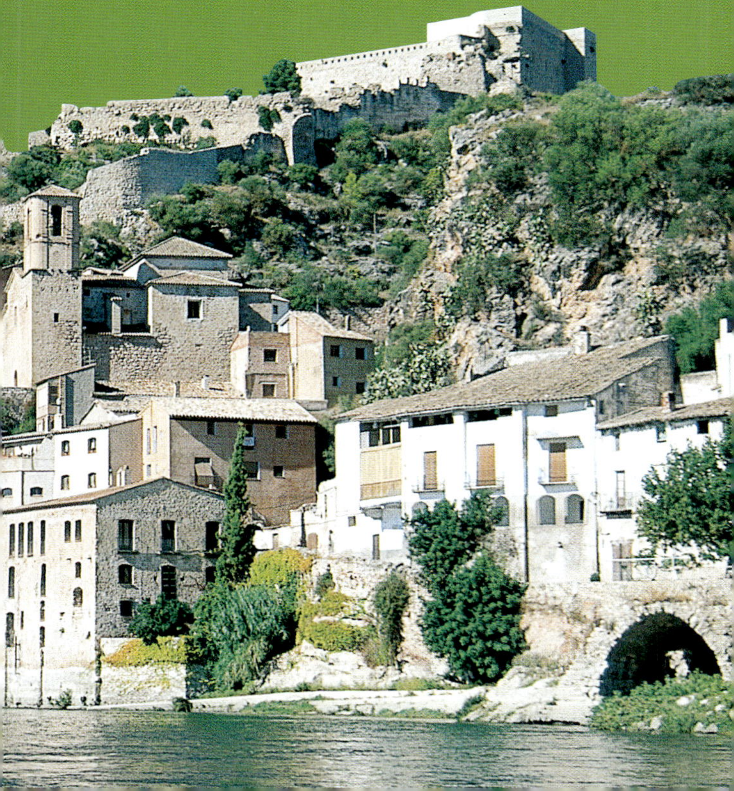

Excursiones por la provincia de Tarragona

Uno de los mayores reclamos publicitarios de PortAventura es su ubicación: en el corazón mismo de la Costa Dorada, según rezan casi todos los folletos. Pues bien, ésta es la denominación puramente turística del tramo del litoral comprendido entre les Cases d'Alcanar, muy cerca del delta del Ebro, y Cunit, pasando por Tarragona. La mayoría de la gente que visita PortAventura suele optar por alojarse en algún hotel de Salou, localidad que durante las fechas estivales sufre un permanente estado de invasión. La Costa Dorada, con una población de 612.086 habitantes, se extiende a lo largo de unos 120 km y sus playas, de poca profundidad y sin apenas accidentes orográficos, se caracterizan por su longitud, su arena fina y sus aguas limpias. El clima es mediterráneo y el sol brilla prácticamente durante todo el año, proporcionando a la arena ese color dorado que la ha hecho mundialmente conocida. Los municipios que integran esta costa de oro se agrupan en cinco comarcas: Baix Camp, Baix Ebre, Baix Penedès, Montsià y Tarragonès.

No podemos hablar de la Costa Dorada sin tener en cuenta también la zona del interior tarraconense, donde hallará conjuntos monumentales que son verdaderos pesos pesados de la historia de España (monasterio de Santa Maria de Poblet y el de Santes Creus), hermosas bodegas construidas durante la época del modernismo catalán, núcleos urbanos de cierta importancia (Tortosa, Reus, Valls) y paisajes (Siurana) realmente fascinantes. Todos estos lugares se ubican también dentro de cinco comarcas, que son: Alt Camp, Conca de Barberà, Priorat, Ribera d'Ebre y Terra Alta.

Es posible trazar infinitos itinerarios dentro de la provincia de Tarragona, pero nosotros hemos escogido aquellos que consideramos imprescindibles para redondear cualquier escapada a PortAventura y Tarragona.

A algunos puntos se puede llegar en tren o autobús, pero se aconseja llevar siempre el coche. La carretera, a veces, se complica, pero aun así merece la pena seguirla: los paisajes que atraviesa no defraudarán al visitante. ◆

Conca de Barberà

1. El norte de la Costa Dorada: de Altafulla a El Vendrell

Este itinerario recorre la zona más nororiental de la costa de Tarragona y gran parte del litoral de la comarca del Baix Penedès. El recorrido permite disfrutar de un largo sector de la Costa Dorada, con amplias y tentadoras playas, pero también une puntos de gran interés arquitectónico.

● ALTAFULLA

El punto de partida del itinerario propuesto es el centro histórico de Altafulla, un interesante entramado urbano y arquitectónico catalogado como Conjunto Histórico-Artístico. Las callejuelas empedradas de su viejo caserío, coronado por el **castillo de los Marqueses de Tamarit**, rezuman toda la esencia de las villas medievales catalanas. Así, en su casco antiguo se van descubriendo sugestivas casas nobles de los siglos XVII y XVIII, siempre bajo la atenta mirada de la fortaleza que, pese a las profundas transformaciones y reformas que ha sufrido, aún ejerce de testimonio de los tiempos en que Altafulla fue una villa amurallada asomada a la Costa Dorada. Este baluarte defensivo, uno de los más importantes de la zona, atesora cuatro torres almenadas erigidas, como todo el conjunto, sobre una gran roca.

Además del castillo y los ejemplos de arquitectura civil medieval, el patrimonio arquitectónico de este antiguo pueblo de pescadores se completa con la **iglesia de Sant Martí**, una bella muestra de los ca-

Castillo de Altafulla

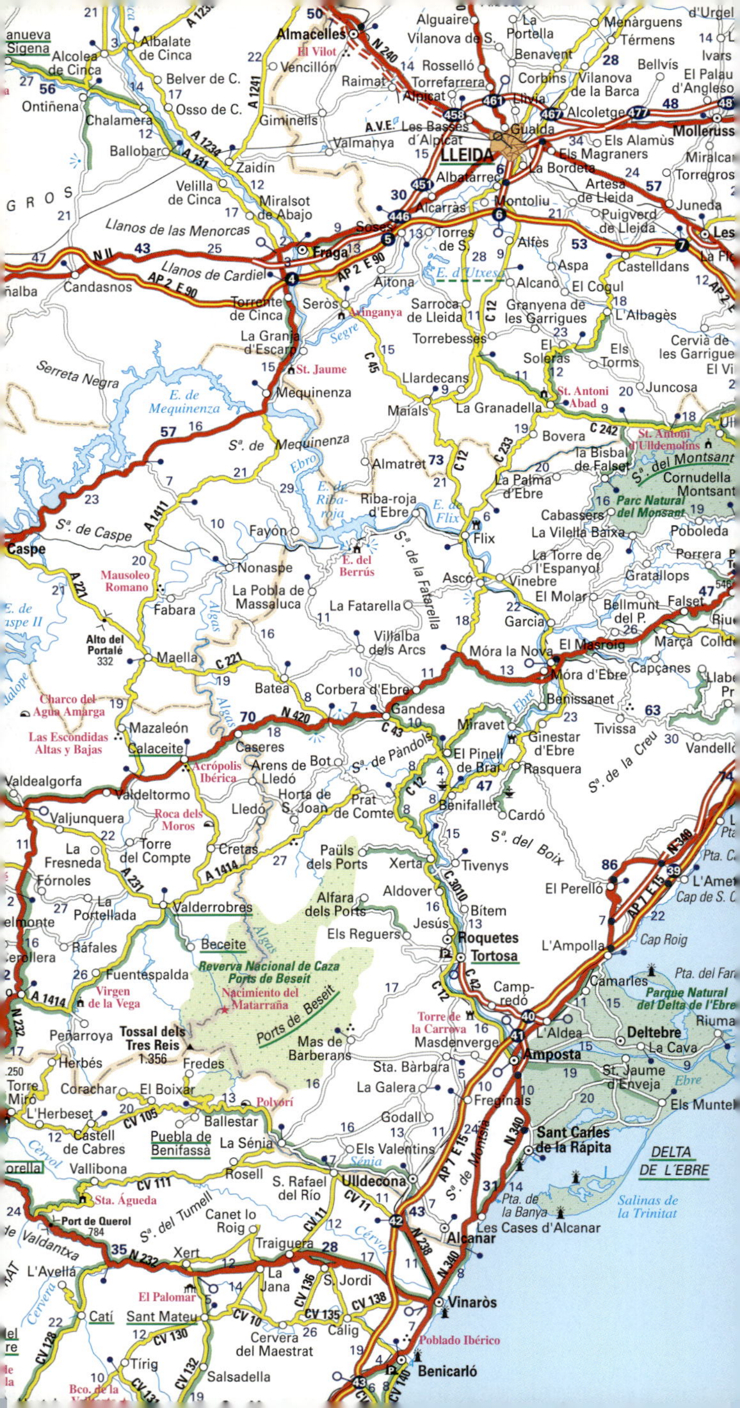

Tàrrega
Cervera
Igualada
Sta. Margarida de Montbui
Vilanova del Camí
Capellades
Esparreguera
Abrera
Piera
St. Sadurní d'Anoia
Vilafranca del Penedès
St. Pere de Ribes
Sitges
Vilanova i la Geltrú
El Vendrell
Calafell
Cunit
Segur
Coma-ruga
Torredembarra
TARRAGONA
Reus
Constantí
Salou
Cambrils
Vila-seca
La Canonja
Port Aventura
Cap de Salou
Pta. dels Penyals
Montblanc
Poblet
Valls
Vallbona de les Monges
Santes Creus
Montserrat
P. N. de Montserrat
Parc Natural de Garraf
Costa Daurada
MAR MEDITERRÁNEO

racterísticos edificios religiosos del siglo XVII en la región.

A los pies del castillo se abre la plaza del Pou, presidida por el **monumento a los castellers,** un homenaje a una de las manifestaciones populares más tradicionales de la comarca.

Muy cerca del núcleo urbano de Altafulla se extiende la **cala de Tamarit,** una idílica playa custodiada por la imponente figura del **castillo** de los condes homónimos. Esta fortaleza fue construida en el siglo XI con el fin de controlar el tramo final del río Gaià y defender la costa de los ataques corsarios que sufrió en diversas ocasiones. Tras una profunda restauración a principios del siglo XX, el castillo de Tamarit fue adquirido por un adinerado empresario norteamericano, pasando a ser propiedad privada.

Los alrededores de la colina donde se alza este baluarte son de gran interés natural, con una importante colonia de sabinar y lentisco, formaciones boscosas que hoy son casi testimoniales en la Costa Dorada. Con el objetivo de proteger tan preciado legado natural de la vorágine turística, se creó recientemente la **Reserva Natural de Tamarit-Punta de la Móra.**

Desde Altafulla hay que dirigirse a la vecina localidad de Torredembarra. Camino a esta, merece la pena detenerse en la **villa romana de Els Munts,** uno de los conjuntos residenciales y termales más importantes de la antigua *Hispania*. Construida en el siglo I d.C, esta villa aún conserva interesantes elementos de la arquitectura civil romana, como depósitos de agua y termas, además de unos vistosos mosaicos. Dada su importancia, el conjunto fue incluido en el legado romano de Tarragona catalogado recientemente como Patrimonio de la Humanidad por la Unesco.

● TORREDEMBARRA

Situada en el centro de la Costa Dorada, Torredembarra es uno de los epicentros de la industria turística de la zona. Aunque el enorme crecimiento urbanístico ha desfigurado en gran medida su fisonomía original, Torredembarra aún conserva rincones de su pasado más lejano.

El origen de la villa se remonta a los tiempos de los romanos, cuando se fundó en el siglo II a.C. una villa

Playa dels Capellans. Torredembarra.

EL NORTE DE LA COSTA DORADA

Villa romana de Els Munts.

junto al trazado de la Vía Augusta: la villa del Moro.

Aunque los restos sean prácticamente testimoniales, Torredembarra conserva un cierto legado de su pasado medieval, encabezado por las **ruinas del castillo de los Iscart**. Esta fortaleza renacentista, levantada en la que hoy es la plaza del Castell, es uno de los pocos ejemplos de arquitectura militar de este estilo en Cataluña. De su estructura destaca la espectacular puerta de acceso al desaparecido patio de armas, flanqueada por cuatro columnas toscanas.

Alrededor del castillo se emplaza el barrio antiguo, dispuesto también en torno a la **iglesia de Sant Pere**, de finales del siglo XVII, y la **torre de la Vila**, situada frente al templo y decorada con un ejemplar ventanal gótico, aunque su estructura responde a los cánones de la arquitectura mudéjar, hecho que confirma la herencia árabe en estas tierras meridionales de Cataluña.

Aparte del legado histórico-monumental, el interés turístico de Torredembarra radica en sus magníficas **playas**, como la de **Els Muntanyans** y la de la Paella. La primera, la más extensa del municipio (con más de 2 km de longitud), alberga un interesante ecosistema dunar y lacustre protegido por su gran valor paisajístico y natural. La **playa de la Paella**, situada en la zona de Els Munts y flanqueada por un agradable paseo Marítimo, acoge el **puerto deportivo** de Torredembarra. Este paseo concentra gran parte de la oferta comercial y turística de la ciudad, con un gran número de restaurantes de cocina marinera.

● **RODA DE BARÀ**

Desde Torredembarra, la carretera nacional A 7, que imita el trazado de la antigua Vía Augusta, lleva hacia Roda de Barà, población situada a 20 km de Tarragona y muy conocida por su majestuoso arco de triunfo, una de las construcciones romanas más emblemáticas de Cataluña.

El **arco de Berà**, situado en lo que antaño fuera la Vía Augusta, fue levantado en el siglo I d.C. por orden de Lucio Licino Sura, cónsul del Imperio entre los años 102 y 107. Normalmente, los legendarios arcos de triunfo del Imperio romano tenían como finalidad conmemorar triunfos militares o políticos. En su caso, el arco de Berà

83

EXCURSIONES POR LA PROVINCIA DE TARRAGONA

> ### *Cuna de grandes genios*
>
> *Pocas localidades en España pueden presumir de tener a tres hijos predilectos de tal envergadura como el músico Pau Casals, el escritor Àngel Guimerà y el escultor Apel·les Fenosa. Pau Casals (1876-1973) ha sido uno de los más grandes violonchelistas de todos los tiempos. Pero El Vendrell no se siente sólo orgulloso de su carrera musical, sino también de su infatigable defensa de la paz y la libertad de los pueblos en una época marcada por las guerras y la opresión. Residió en España, Estados Unidos, Francia y Puerto Rico, países en los que siempre estuvo en contacto con las personalidades más destacadas del momento. Àngel Guimerà (1845-1924), por su parte, vivió en la casa solariega de los Guimerà en El Vendrell durante unos cuantos años. En esta residencia fue donde dio sus primeros pasos en la poesía, primero en castellano y después en catalán, para triunfar más adelante como dramaturgo. Una de sus obras más emblemáticas es* Terra Baixa. *El tercero de los genios vinculados a El Vendrell es Apel·les Fenosa (1889-1988), amigo personal de Picasso. Dejó importantes trabajos, que influyeron de forma decisiva en los poetas más grandes de su época (Carles Riba, Salvador Espriu, Jean Cocteau, Paul Éluard...). En su Fundación (Major, 25) se pueden admirar algunas esculturas suyas en terracota y yeso, además de bronces monumentales.*

indicaba la frontera entre los territorios cosetanos e ilergetes. Formado por enormes bloques de piedra rematados en sus extremos con falsas columnas de estilo corintio, el arco alcanza los 12 m de altura por 12 m de ancho. Al igual que todo el conjunto de la imperial *Tarraco*, este arco de triunfo fue incluido en la declaración de Patrimonio de la Humanidad. Además del arco romano y otras muestras arquitectónicas de su casco urbano (como la neoclásica **iglesia de Sant Bartomeu** o la preciosa **ermita de Barà**), Roda de Barà permite una curiosa visita: el **Roc de Sant Gaietà.** Se trata de un bello núcleo marinero con pintorescos edificios y callejuelas que reproducen rincones típicos de la geografía española. En él merece la pena visitar el **Centre Cívic de La Roca Foradada,**

EL NORTE DE LA COSTA DORADA

que acoge una exposición permanente con 25 obras escultóricas de Salvador Dalí.

Roda de Barà cuenta también con unas tentadoras playas de arena fina, como la **playa Llarga,** de más de 1 km de longitud y resguardada por un paseo marítimo de reciente construcción.

● EL VENDRELL

La localidad de El Vendrell, capital de la comarca del Baix Penedès, es conocida por ser la cuna de uno de los mejores músicos del siglo XX, el violonchelista Pau Casals (1876-1973).

La ciudad está salpicada por monumentos y edificios que tratan de homenajear y recordar a este compositor de prestigio universal, como la **estatua de Pau Casals** que preside la plaza Nova. Muy cerca, en la calle de Santa Anna, se erige la **casa natal de Pau Casals,** una de las visitas inexcusables en esta población.

En la misma calle se encuentran las instalaciones del **Museu Arqueològic del Vendrell,** que ofrece al visitante un recorrido por lo más relevante de la prehistoria, el mundo ibérico y la época romana en el Baix Penedès.

Otro de los edificios que rememoran la personalidad de Pau Casals es su casa de veraneo, actual **Casa-Museu de Pau Casals.** Emplazada en el barrio de Sant Salvador, justo frente al mar, este era el lugar de descanso preferido del músico. En su interior se puede contemplar una extensa colección de objetos personales, esbozos de composiciones y otras curiosidades. Frente a la casa se halla el **auditorio Pau Casals,** con un aforo para 400 personas.

Otro edificio relacionado con Pau Casals en El Vendrell es la **iglesia de Sant Salvador,** que es la construcción más notable de la población. Este templo barroco guarda en su interior un espléndido órgano del mismo estilo con el que el genial compositor se inició en la interpretación musical.

También es hijo predilecto de El Vendrell el dramaturgo Àngel Guimerà, nacido en la isla de Tenerife pero que pasó gran parte de su infancia en esta localidad. Él cuenta también con un museo de temática propia, la **Casa-Museu d'Àngel Guimerà,** en la misma calle de Santa Anna.

Muy cerca del núcleo urbano de El Vendrell se extienden las amplias **playas** de **Coma-ruga** y **Sant Salvador,** que son de las más concurridas de la Costa Dorada. ◆

Iglesia de Sant Salvador. El Vendrell.

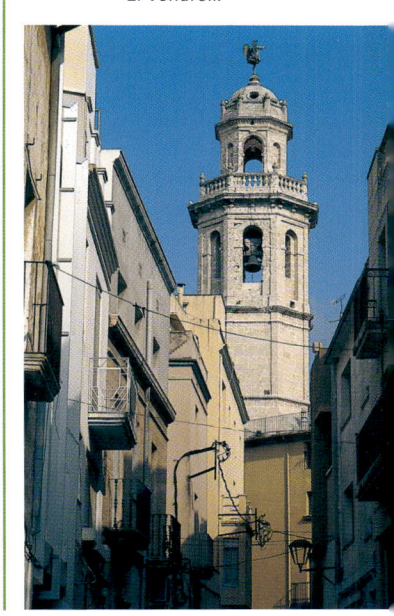

2. Ruta de los monasterios

Ésta es una de las rutas más tradicionales por las tierras interiores de Tarragona, la denominada ruta del Císter. El itinerario une tres importantes cenobios cistercienses, verdaderas joyas del arte gótico: Santes Creus, Poblet y Vallbona de les Monges, y permite descubrir la belleza y la tranquilidad de estos paisajes interiores, que tanto contrastan con el bullicio del litoral tarraconense. La monumental población de Montblanc y la ciudad de Valls, cuna de los castellers y de los calçots, completan los argumentos de esta atractiva excursión.

● MONASTERIO DE SANTES CREUS

El itinerario tiene como punto de partida el monasterio de Santes Creus, uno de los más espectaculares legados de la orden cisterciense en Cataluña. Se encuentra dentro del término municipal de Aiguamúrcia, en un recóndito y tranquilo valle, ideal para una vida monástica aislada. El acceso más habitual es a través de la salida 11 (Valls) de la autopista AP 7.

Fundado en el año 1150, este monasterio gozó durante siglos de un gran esplendor, constituyendo uno de los puntos clave en la cultura y la historia de Cataluña y de la propia orden cisterciense. A mediados del siglo XIX sufre, como todos los monasterios de la orden en España, los efectos de la desamortización de Mendizábal, proceso jurídico que desembocó en su abandono y saqueo. A principios del siglo XX se emprenden diversas iniciativas encaminadas a su restauración y protección, hasta que en 1921

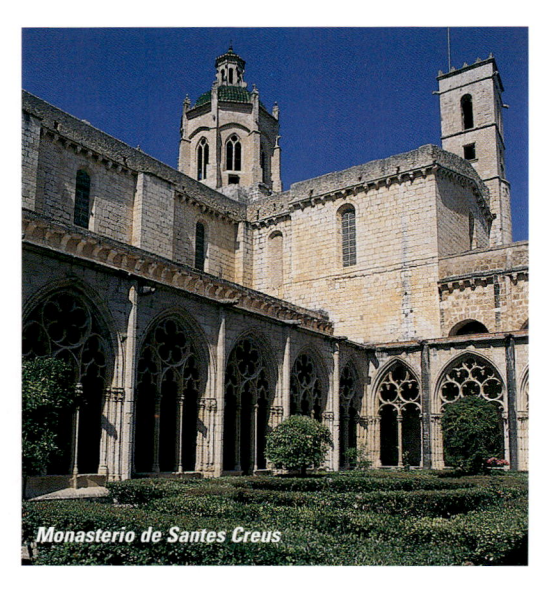

Monasterio de Santes Creus

MONASTERIO DE SANTES CREUS

Plano del monasterio:
- Iglesia
- Cementerio
- Claustro
- Sala Capitular
- Celdas
- Lagares
- Bodega
- Claustro Viejo
- Jardín
- Cocina
- Patio de Jaime
- N (norte)

1. Sacristía
2. Iglesia Antigua
3. Caballerizas
4. Patio de Pedro II
5. Refectorio
6. Capilla de San Benet
7. Locutorio
8. Lavatorio

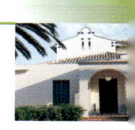

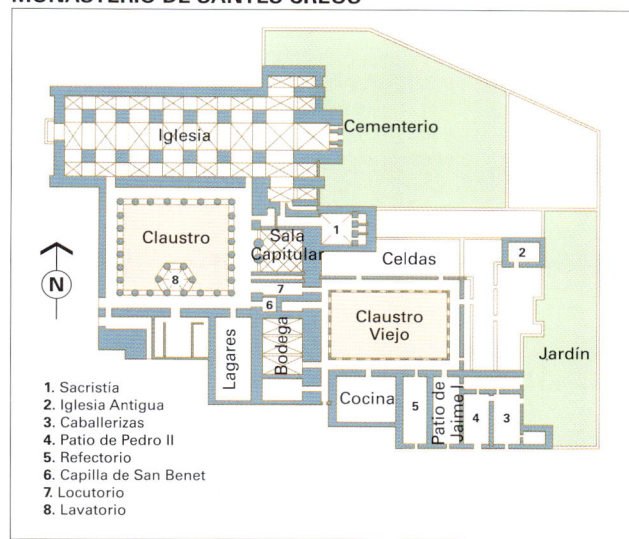

es declarado Monumento Histórico-Artístico de Interés Nacional.

En la actualidad, el monasterio de Santes Creus es el único sin comunidad religiosa de los que integran la Ruta del Císter, motivo que posibilita la visita a las dependencias más íntimas del complejo.

Siguiendo la estructura típica de los cenobios cistercienses, su conjunto se encuentra custodiado por tres grandes recintos amurallados. Tras el primero vivían los legos que se encargaban de cultivar las tierras, mientras que el segundo recogía la actividad del palacio del Abad y el hospital de los pobres. Se accede a este espacio, hoy conocido como plaça Major, a través del **arco de Assumpta,** magnífica portada de mediados del siglo XVIII. Hoy, las antiguas dependencias que se asoman a la plaza están ocupadas por comercios y viviendas particulares, como la plaza de cualquier pueblo.

En la misma plaça Major se alzan el **palacio del Abad** y la **iglesia de Santa Llúcia,** sobrio templo de origen románico finalizado bajo los cánones estéticos y arquitectónicos del mejor gótico catalán. Bajo su presbiterio se encuentran los féretros de algunos reyes de la Corona de Aragón, como Pere II el Gran y Jaume II, además de las tumbas de otras personalidades de la historia catalana como Roger de Llúria, almirante de la poderosa flota de los Almogávares.

La **puerta Real** da la bienvenida a la galería sur del maravilloso **claustro,** una de las obras maestras de la arquitectura gótica de España. Los magníficos ventanales de estilo gótico-flamígero y la suntuosidad de los labrados de sus capiteles (con escenas bíblicas y seres de la mitología clásica) confieren al conjunto un aura de misticismo y recogimiento sobrecogedor. Alrededor del claustro se

Calçots y castellers

La ciudad de Valls es la cuna de dos de las tradiciones más arraigadas en Cataluña: los castellers *y las populares* calçotades. *La capital del Alt Camp cuenta con dos de las* colles castelleras *de mayor prestigio: los* Xiquets de Valls, *conocida popularmente con el nombre de Colla Vella de Valls, y la Colla Jove dels Xiquets de Valls, la Jove. La plaza del Blat es donde tienen lugar las multitudinarias jornadas castelleras, en las que las* colles *más importantes de Cataluña compiten para desafiar a la gravedad alzando inverosímiles "castillos de hombres". La importancia de la tradición castellera de Valls se demuestra con el hecho de que allí se emplazará la futura sede del Museu Casteller de Catalunya.*

El calçot, *una especie de cebolla tierna (con denominación de origen en las tierras de Valls), es el producto básico de la* calçotada, *aunque no sería tan sabroso sin la exquisita sala romesco, su imprescindible acompañamiento. La popular* calçotada, *muy extendida también en otras comarcas de Tarragona, es uno de los reclamos turísticos y gastronómicos más importantes de la ciudad. La temporada de* calçots *se inicia en el mes de noviembre y se extiende hasta mediados de abril, aunque su punto álgido tiene lugar el último domingo de enero, día en que se celebra la popular* calçotada *de Valls.*

---

organizan diferentes estancias monacales, como la románica sala Capitular, el refectorio, la bodega y el gran dormitorio de los monjes.

Finalmente, cabe comentar como curiosidad que el nombre del monasterio responde a una antigua leyenda que explica la visión por parte de unos pastores de unas misteriosas luces en este recóndito lugar, las Santes Creus.

● VALLS

Desde el monasterio de Santes Creus se llega a la ciudad de Valls, la capital de la comarca del Alt Camp, a través de la carretera comarcal TP 2002, para empalmar cerca de Vilarodona con la C 51, vía que lleva hasta la ciudad por su parte oriental. Además del atractivo de sus manifestaciones populares, como las multitudinarias jornadas castelleras y las tentadoras *calçotades,* Valls aglutina en su centro histórico un patrimonio arquitectónico nada desdeñable.

El corazón de la ciudad es conocido popularmente como **el Pati,** una plaza cuyo nombre recuerda que en este mismo punto hubo antaño el patio de armas de una fortaleza ya desaparecida. Como otras poblaciones del interior de Tarragona, Valls fue también una villa amurallada. Desgraciadamente, de su perímetro fortificado sólo se conserva un arco de entrada al recinto.

Desde la plaza del Pati parte la **calle de la Cort,** el principal eje comercial de la ciudad. Al final de su trazado se divisa el altísimo campanario de la **iglesia** arciprestal **de Sant Joan Baptista** que, como el Ayuntamiento, se asoma a la plaza del Blat. Este templo, el edificio más destacado de la ciudad, fue construido durante la segunda mitad del siglo XVI, aunque se completó a finales del XIX con su gigantesco campanario neogótico de 74 metros de altura, uno de los más altos de Cataluña. En esta emblemática plaza es donde tienen lugar las multitudinarias jornadas castelleras de Valls, la ciudad con mayor tradición de *colles* castelleras.

En la misma calle de la Cort se erige otro de los emblemas arquitectónicos de la ciudad: la **capilla del Roser**. Su profusa decoración lateral, con un impresionante mosaico de cerámica vidriada conmemorativo de la batalla de Lepanto, le ha merecido ser catalogada en su conjunto como Monumento Histórico-Artístico de Interés Nacional.

También junto a la plaza del Blat se extiende lo que en época medieval fue el **Call** o **barrio judío** de Valls. Si bien no conserva apenas ninguna muestra arquitectónica de aquellos tiempos, sí se ha mantenido casi intacta la característica estructura urbana del típico arrabal, con sinuosas y estrechas callejuelas de gran encanto.

Otro de los epicentros de la vida social en Valls es la **plaza del Oli**, una pequeña plaza porticada en la que se celebra cada año la tradicional *calçotada* popular. Fuera del núcleo antiguo, merece la pena caminar por el paseo dels Caputxins, una de las principales arterias de la villa, y donde se eleva un **monumento a los Castellers** de Valls. Allí se encuentra el **Museo de Valls,** pinacoteca con una de las colecciones de pintura catalana contemporánea más importantes del país.

● **MONTBLANC**

Hay que salir de Valls por la carretera A 27, que se adentra en la comarca de la Conca de Barberà y lleva hasta su capital, la monumental villa de Montblanc. Situada a tan sólo 17 km de Valls, Montblanc puede presumir de ser una de las poblaciones más atractivas de la provincia de Tarragona. El extraordinario patrimonio arquitectónico de su casco antiguo, declarado Conjunto Monumental Histórico-Artístico, se enclaustra en el interior de uno de los recintos

Iglesia de Sant Joan Baptista. Valls.

Casa modernista. Valls.

EXCURSIONES POR LA PROVINCIA DE TARRAGONA

amurallados mejor conservados del país. Esta espléndida ciudad amurallada, fundada en el siglo XII por el rey Berenguer IV, fue residencia de varias generaciones de monarcas de la Corona de Aragón.

En la zona más alta del centro histórico se abre el **mirador de Santa Bárbara,** una amplia explanada desde la que se puede disfrutar de una pintoresca panorámica sobre la localidad, con sus elegantes casas nobles, el trazado de las sinuosas calles empedradas y los rincones más evocadores de su pasado medieval. En ese mismo punto se levantaba hace siglos el castillo de Montblanc, ya desaparecido.

Si se inicia la visita desde lo alto de la colina, el primer edificio monumental con el que se topa es la espléndida **iglesia Major de Santa Maria,** conocida popularmente como la **catedral de la Montanya.** Se trata de uno de los templos más notables del gótico catalán, con formas que adoptan casi hasta la perfección los principales signos arquitectónicos de este estilo: una amplia nave rodeada de capillas con cubierta abovedada. Pese a la sobriedad de su exterior, los interiores sorprenden por su profusa decoración, encabezada por el extraordinario retablo gótico de San Bernardo y San Bernabé. Su actual portada barroca sustituyó a la original gótica.

Frente a la iglesia arciprestal se levanta la **casa de los Josa,** edificio originario del siglo XIII y sede del **Museu Comarcal de la Conca de Barberà.**

Junto a este antiguo palacete se abre la plaça Major, auténtico corazón de la historia y la vida social de Montblanc. En torno a su planta rectangular se eleva la fachada de la **Casa de la Vila,** construcción del siglo XIII profundamente remodelada entre los siglos XVII y XVIII. Además de acoger las dependencias del Ayuntamiento, alberga también la sede de la oficina de turismo de Montblanc. Frente al consistorio se levanta la **casa dels Desclergues,** obra gótica construida en sus orígenes para servir de alojamiento al representante del rey en la ciudad. Junto a ella se encuentra el **palacio Reial,** otra monumental construcción gótica, que acogía a los reyes de la Corona de Aragón durante sus estancias en Montblanc.

Montblanc

Al sur de la plaça Major se extiende el carrer Major, una de las calles más pintorescas y vivas de la ciudad. Esta vía conduce directamente a la plaza de Sant Miquel, punto en el que se alza la fachada románica de la **iglesia de Sant Miquel** y, frente a ella, el **palacio-fortaleza del Castlà**, antigua residencia del representante militar de la Corona de Aragón. En el otro extremo del carrer Major se emplaza lo que antiguamente fue la antigua **judería** de Montblanc, de la que se conservan parte de su estructura urbana y el nombre de algunas de sus calles, como la calle dels Jueus y otros referentes a los gremios de artesanos medievales. En el carrer Major está también la majestuosa **casa dels Alenyà**, una de las muestras arquitectónicas civiles más interesantes de la ciudad.

El impresionante conjunto monumental del centro histórico de Montblanc se encierra entre una de las infraestructuras militares más importantes de Cataluña. Las **murallas**, construidas a mediados del siglo XIV por mandato del rey Pere el Ceremoniós, conservan un perímetro de más de 1.500 metros y 35 torreones de defensa. Su conjunto se organiza en cuatro tramos bien definidos. Así, al norte de la antigua villa se extiende, entre el portal de Sant Jordi y la iglesia de Sant Marçal, la **muralla de Sant Jordi**. Entre este templo gótico (actual sede del interesante Museu d'Art de Montblanc) y la torre dels Cinc Cantons se levanta la **muralla de Sant Anna**, con un espléndido portal frente a la entrada al carrer Major y la plaza de Santa Anna.

Justo frente a esta plaza, ya en la ciudad de extramuros, se erige otro de los templos de la ciudad: la **iglesia de Santa Magdalena**. Uno de los tramos amurallados más interesantes es el que cierra la villa por su extremo sur, un tramo comprendido entre la torre dels Cinc Cantons y la casa Montblanqui, y presidido por el magnífico **portal de Bové**. El espectacular recinto amurallado se cierra a occidente con la **muralla de Sant Francesc**, situada entre los portales de Sant Jordi y del Castlà.

● **L'ESPLUGA DE FRANCOLÍ**

A 6 km de Montblanc por la carretera N 240 se llega a L'Espluga de Francolí, población conocida por sus numerosas cuevas y, más concretamente, por la espectacular cueva de la Font Major. No en vano, su topónimo proviene del término latino *spelunca*, que significa "cueva".

La **cueva de Font Major** es una puerta abierta a la historia más remota de la región, gracias a los numerosos hallazgos arqueológicos y paleontológicos realizados en sus diferentes cavidades. Descubierta accidentalmente en el año 1853, la cueva se encuentra en el mismo casco urbano de la población, por lo que su acceso es muy cómodo. Esta particularidad (es una de las pocas cuevas que se extiende por un subsuelo urbano) parece entrar en contradicción con sus enormes dimensiones, ya que se trata de una de las cuevas de calizas y conglomerados más grandes del mundo, con casi 3.600 metros de galerías, de las que sólo se pueden recorrer unos centenares de metros. Además de vestigios prehistóricos, romanos e íberos, en su interior se han encontrado importantes restos fósiles de fauna correspondientes al Paleolítico Inferior, con una antigüedad de más de 300.000 años. De la misma cueva de la Font, donde se ha instalado un peculiar **museo** centrado en la prehistoria, nace una surgencia de agua que metros después se convierte en el primer tramo del río Francolí, que desemboca en Tarragona tras recorrer más de 85 km.

Además de estas espectaculares cuevas, L'Espluga de Francolí atesora un destacado patrimonio arquitectónico, encabezado por dos **iglesias** dedicadas a **Sant Miquel**: la **iglesia Nova** y la Vella. La **iglesia Vella**, una magnífica obra de transición del románico al gótico, fue declarada Monumento Histórico-Artístico de Interés Nacional. Es posible ascender hasta lo más alto de su campanario, donde se ubica un pequeño **museo** dedicado a la construcción del edificio, y desde donde se disfruta de una magnífica panorámica de la villa.

Otro edifico de interés es el **antiguo hospital**, fundado en el siglo XIV por la orden de los Caballeros del Templo de San Juan, pero reformado en profundidad a principios del XX bajo los cánones estéticos del modernismo. En la actualidad acoge el archivo municipal, una sala de exposiciones, la biblioteca pública y la oficina de turismo. En L'Espluga hay que visitar la **bodega** de la Cooperativa de l'Espluga de Francolí, un espectacular edificio modernista diseñado por el arquitecto Lluís Domènech i Montaner. En la actualidad, esta bodega acoge las instalaciones del **Museu del Vi,** una amplia exposición de los procesos de elaboración y de la historia de los caldos tan preciados de la región.

También una de las masías típicas de la zona se ha reconvertido en sede del **Museu de la Vida Rural,** con una amplia exposición de utensilios y herramientas propias del ámbito rural de la comarca.

● MONASTERIO DE SANTA MARIA DE POBLET

A sólo 2 km de L'Espluga de Francolí, aunque dentro del término municipal de Vimbodí, se levanta, en el centro de un paraje de gran belleza, el portentoso conjunto monumental del monasterio de Santa Maria de

Claustro (izquierda) y sala del antiguo scriptorium *(derecha), en el monasterio de Santa Maria de Poblet.*

MONASTERIO DE POBLET

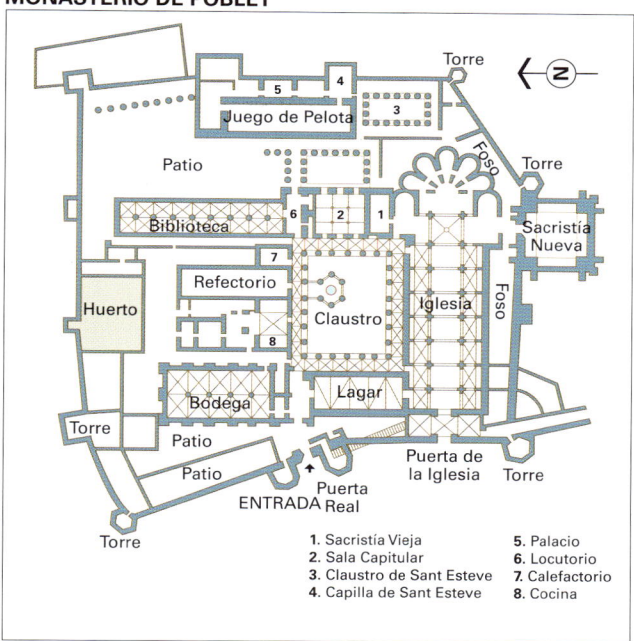

Plano del monasterio:
- 1. Sacristía Vieja
- 2. Sala Capitular
- 3. Claustro de Sant Esteve
- 4. Capilla de Sant Esteve
- 5. Palacio
- 6. Locutorio
- 7. Calefactorio
- 8. Cocina

Otras zonas señaladas: Torre, Juego de Pelota, Patio, Foso, Sacristía Nueva, Biblioteca, Refectorio, Huerto, Claustro, Iglesia, Bodega, Lagar, Puerta de la Iglesia, Puerta Real, ENTRADA.

Poblet, posiblemente el monumento monástico medieval más importante de Europa. Esta abadía cisterciense fue catalogada por la Unesco como Patrimonio de la Humanidad.

El origen del recinto se remonta al año 1151, cuando el monarca Ramon Berenguer IV impulsó la fundación de un monasterio cisterciense en las tierras de la Conca de Barberà, recientemente conquistadas a los árabes. Tras siglos de esplendor, gracias al apoyo de la monarquía y de las casas nobles del país, el monasterio entra en decadencia a raíz del proceso de desamortización emprendido en el año 1835, hasta que se produce su abandono definitivo. No será hasta el año 1940 cuando regresen los monjes cistercienses, comunidad que aún habita el cenobio. Pese a los saqueos y el abandono, el monasterio conserva uno de los patrimonios arquitectónicos de carácter religioso más importantes del continente.

El conjunto monacal se compone de tres grandes recintos amurallados. El primero, al que se accede por la **puerta de Prades,** acogía en su interior las actividades agrícolas e industriales de los monjes. En su centro se erige la bella **capilla de Sant Jordi,** una de las construcciones más notables de la abadía.

Frente a esta joya del gótico se abre la **puerta Dorada,** un gran portal fortificado que permite el acceso a la plaça Major y a los restos del **antiguo Hospital,** erigido en torno a la **capilla** románica **de Santa Cate-**

rina, y a otras dependencias monásticas. A la derecha de la plaza se levanta el **palacio del Abad,** obra del siglo XVI.

La fascinante sobriedad de la **puerta Real,** flanqueada por dos imponentes torreones, permite penetrar en el corazón del cenobio, protegido por un trazado amurallado construido por mandato del rey Pere III. En su interior se levanta la excepcional **iglesia,** presidida por una portalada barroca y en cuyo interior descansan, en el **panteón Real,** los restos de diversos reyes de la Corona de Aragón, como Jaume I, Pere el Ceremoniós, Ferran I o Alfons el Magnànim, además de sus familiares y esposas. Las impresionantes dimensiones del templo, con 85 m de longitud por 28 de altura, la convierten en la mayor iglesia cisterciense de España.

Junto a la iglesia se abre el **claustro** del monasterio, de estilo gótico aunque con claras reminiscencias románicas. En torno a este espacio único de recogimiento se emplazan diversas dependencias del cenobio, como el refectorio, la biblioteca y la sala Capitular, esta última uno de los habitáculos más bellos del monasterio. En su suelo se disponen once lápidas sepulcrales con los restos de los priores de Poblet. El acceso a alguno de estos espacios, como el comedor y la cocina, está restringido, ya que en el monasterio aún viven una treintena de frailes.

Capiteles del claustro del monasterio de Vallbona de les Monges, arriba, y del monasterio de Poblet, abajo.

● VALLBONA DE LES MONGES

Aunque el monasterio de Vallbona de les Monges pertenece a la comarca del Urgell, ya en la provincia de Lleida, forma parte ineludible de la Ruta del Císter, debido a su proximidad con el monasterio de Santa Maria de Poblet. Desde Poblet es necesario retroceder hasta L'Espluga de Francolí para tomar la carretera T 232 en dirección norte. Una vez en la población de Maldà hay que seguir la LP 2325, que conduce directamente a la población y a la abadía de Vallbona de les Monges. En total, la distancia entre L'Espluga de Fancolí y Vallbona de les Monges es de unos 30 km. Santa Maria de Vallbona es un cenobio cisterciense femenino

MONASTERIO DE VALLBONA DE LES MONGES

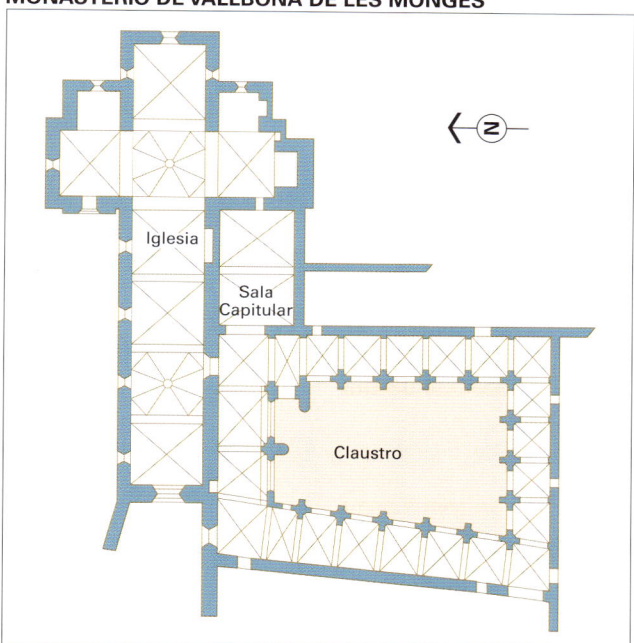

fundado por Ramon de Vallbona a mediados del siglo XII. Aun así, sus primeros ocupantes fueron hombres, y no fue hasta el año 1175 cuando se instaló la comunidad de monjas que aún hoy en día se dedica a la vida contemplativa, la oración y la creación cultural. El hecho de estar habitado por una treintena de religiosas obliga a una visita guiada y restringida a determinados espacios.

De su conjunto arquitectónico destacan especialmente la **iglesia** y su espléndido claustro adosado. El templo, de una sola nave de cruz latina, es un fiel ejemplo del estilo de transición románico-gótico que la orden cisterciense difundió en gran parte de sus propiedades. Sus interiores maravillan por la simplicidad y el admirable juego de luces, que otorgan mayor majestuosidad a la zona del presbiterio, lugar donde se hallan las tumbas de la reina Violant d'Hongria (la esposa de Jaume I) y de su hija, la princesa Sança.

El **claustro,** epicentro de la vida monacal, es de planta trapezoidal, y destaca por su eclecticismo: cada una de las galerías es de un estilo diferente, dado que su edificación se dilató en el tiempo desde el siglo XII hasta el XV. Junto al claustro se emplaza la **sala Capitular,** un austero espacio gótico presidido por una imagen de la *Virgen de la Misericordia*, bella escultura policromada de terracota.

EXCURSIONES POR LA PROVINCIA DE TARRAGONA

3. De la Costa Dorada a las montañas de Prades

Este itinerario de mar y montaña permite descubrir dos realidades bien distintas de la provincia. Por un lado, los más emblemáticos centros turísticos de la Costa Dorada (Cambrils y Salou), y por otro, algunos recónditos valles de las montañas del interior, zonas poco recorridas por el turismo pero de gran belleza. El carácter mediterráneo de todos estos parajes es el denominador común de la ruta. Además, el itinerario pasa por la localidad de Reus, que, aparte de Barcelona, es la población con una más brillante concentración de edificios de arquitectura modernista en Cataluña.

relación con el mar: una excelente gastronomía marinera. Junto al puerto pesquero se emplazan un buen número de restaurantes que ofrecen los platos más típicos de su cocina, especialmente los preparados con pescado fresco y marisco. Cambrils es uno de los mejores lugares de la costa para degustar estos productos.

Pese al desarrollo urbanístico, Cambrils conserva en su centro histórico algunos vestigios de lo que antaño fue una villa medieval. Quedan en pie varios lienzos de su antiguo cinto de **muralla,** además de restos de los baluartes defensivos erigidos como protección ante los ata-

Playa de Cambrils.

● CAMBRILS

Cambrils es una antigua villa marinera convertida en uno de los centros turísticos más destacados de la Costa Dorada, con unas amplias playas que cada año atraen a miles de bañistas. Con el desarrollo del turismo y la consecuente urbanización ha perdido gran parte del carácter de los pueblos costeros, aunque sigue conservando un importante aspecto de su ancestral

ques de los corsarios, como la **torre de la Ermita,** hoy sede del **Museu d'Història de Cambrils.** Junto a este torreón de defensa se levanta también la interesante **ermita de la Mare de Déu del Camí.**

El corazón del núcleo antiguo de Cambrils se organiza alrededor de la **plaza de la Concepció,** ejemplar plaza porticada en cuyos aledaños se erigen el **templo** del mismo nombre y la **Casa Consistorial.** En este céntrico punto desembocan algunas sinuosas y pintorescas callejuelas, con el carrer Major como eje principal y activa vía comercial.

● SALOU

A tan sólo 6 km de Cambrils se encuentra Salou, otra emblemática población turística de la Costa Dorada, conocida con el apelativo de "la playa de Europa". Con unas playas que se extienden prácticamente hasta la ciudad de Tarragona, Salou es una población de unos 10.000 habitantes, pero que en época estival incrementa extraordinariamente esta cifra, pues su capacidad hotelera supera las 20.000 camas.

Aunque el peso del turismo es evidente en su morfología urbana, Salou no nació con el *boom* turístico de la década de 1960, sino muchos siglos antes. Sus orígenes se remontan a un importante poblado íbero conocido como Solarius, cuyo puerto llegó a convertirse en uno de los más activos del Mediterráneo, y en torno al cual creció la ciudad.

Actualmente Salou se vertebra alrededor del amplio **paseo de Jaume I,** nombre que recuerda al monarca

Torre Vella en Salou.

que desde el puerto de Salou emprendió la definitiva conquista de la isla de Mallorca por parte de las tropas cristianas. En este paseo se encuentran los edificios de mayor trascendencia arquitectónica de la ciudad, como las **casas** modernistas de **Torremar** y **Bonet,** esta última perfecto ejemplo de cómo las clases burguesas de la vecina Reus escogieron

Cala Crancs, en la punta del Cavall (Salou).

EXCURSIONES POR LA PROVINCIA DE TARRAGONA

este enclave como lugar de veraneo y descanso. El amplio paseo resigue gran parte de la franja litoral de Salou, sus largas playas, y resulta realmente agradable caminar bajo las esbeltas palmeras e ir contemplando los mosaicos con los escudos de los nobles que acompañaron al monarca Jaume I en su campaña de Mallorca.

Otro de los puntos de interés histórico de Salou es la **Torre Vella**, baluarte defensivo construido en el siglo XVI que actualmente acoge la sede del **Museo Municipal de l'Esmalt Contemporani**.

Aunque Salou conserva interesantes rincones que evocan su pasado más lejano, sin duda alguna su mayor atractivo radica en la excelente oferta de ocio (con multitud de bares, restaurantes y discotecas) y en sus espléndidas playas, con una extensión de casi 8 km. Entre éstas cabe destacar la **playa Llarga** y la **playa de Llevant**.

El **cap de Salou** depara al visitante espléndidas panorámicas del Mediterráneo y parte de la Costa Dorada gracias a la altura de sus acantilados, que superan en el tramo de la **punta del Cavall** los 70 m de desnivel. En este abrupto enclave natural se abren pequeñas calas de gran encanto y belleza, como las **calas Crancs** y **Font**.

● **REUS**

Hay que ir ahora hacia el interior, hasta la población de Reus, situada a 9 km por la carretera C 14. Esta ciudad, capital de la comarca del Baix Camp, es el segundo núcleo urbano en importancia de la provincia, con una población superior a los 90.000 habitantes. Cuna de grandes personalidades de la cultura y la historia catalana, como el general Joan Prim (1814-1926), el pintor Marià Fortuny (1838-1874) y el arquitecto Antoni Gaudí (1852-1926), Reus fue también durante los siglos XVIII y XIX uno de los polos industriales más importantes de Europa, sobre todo gracias a la industria textil y la producción de aguardiente. Fue tan importante el vínculo de la ciudad con la producción de licores que se dio a conocer en toda Europa la frase "Reus, París, Londres", las tres ciudades que controlaban en esa época el comercio mundial de estos productos.

Plaza de Prim, Reus

DE LA COSTA DORADA A LAS MONTAÑAS DE PRADES

Gracias al enriquecimiento de su burguesía comercial e industrial, Reus atesora hoy una de las concentraciones arquitectónicas de carácter modernista más importantes del país, quizás sólo superada por el legado de Gaudí en la ciudad de Barcelona. Entre los muchos ejemplos modernistas de la ciudad cabe señalar las **casas Gasull** y **Rull** (ambas en la calle de Sant Joan) y, especialmente, la **casa Navàs**, el símbolo modernista de la ciudad. Situada en la plaza del Mercadal, la casa Navàs fue proyectada por el arquitecto Lluís Domènech i Muntaner (al igual que las casas Gasull y Rull) y ha sido declarada Monumento Histórico-Artístico de Interés Nacional. Entre su conjunto destacan las vistosas combinaciones de vidrio y cerámica, además de la fastuosidad de su balconada y la escalera interior. Paradójicamente, el lugar donde se levanta este magnífico ejemplo de la moderna Reus es también el corazón de su pasado medieval.

Así, en los aledaños de la plaza del Mercadal se elevan los edificios más antiguos de la ciudad, como la **Casa de la Ciutat** o **Ayuntamiento** (obra renacentista originaria de principios del XVII pero muy reformada) y, muy cerca, los restos de la antigua fortaleza de Reus, el **castillo de Cambrer,** cuyas raíces se remontan al año 1171. Precisamente, junto a las ruinas de este baluarte se halla la **iglesia** prioral **de Sant Pere,** magnífica obra del gótico tardío y uno de los emblemas de la ciudad gracias a su esbelto campanario hexagonal de 63 m de altura. Otros interesantes edificios son el **teatro Fortuny,** situado en la plaza del General Prim y, en el carrer Major, el **Centre de Lectura,** una extraordinaria biblioteca construida en el año 1859.

En la plaza de Prim, presidida por una estatua ecuestre del militar, nace la calle de Llovera, con una gran concentración de edificios modernistas, como el **palacio Bofarull,** la **casa Querol** y la **casa Bartolí,** esta última con dos espléndidas balconadas.

Dado el extenso legado modernista de la ciudad y su dispersión por todo el casco urbano, el Ayuntamiento de Reus organiza rutas muy completas para conocer todo este patrimonio artístico.

A las afueras de la ciudad se encuentra el singular **barrio Gaudí,** polémica e interesante actuación urbanística diseñada en la década de 1960 por Ricard Bofill.

A escasos 6 km de Reus, en la población de **Constantí,** se emplaza la **villa romana de Centelles,** con su excepcional mausoleo paleocristiano. De su estructura destacan especialmente el buen estado de conservación de los mosaicos y las pinturas que recubren la cúpula.

● CASTILLO-MONASTERIO DE ESCORNALBOU

La carretera comarcal T 310 lleva desde Reus hasta Montbrió de Camp, donde hay que tomar la carretera local que conduce a Riudecanyes y al castillo-monasterio de Escornalbou. Este peculiar conjunto monástico-defensivo fue fundado a finales del siglo XII por una comunidad de monjes agustinianos. En 1580 el cenobio pasó a manos de la orden franciscana, hasta que el proceso de desamortización de 1835 desembocó en su definitivo abandono y deterioro. A principios del siglo XX la abadía fue adquirida por Eduard Toda, un empresario de Reus que puso todo su empeño, y gran parte de sus ahorros, para restaurarlo y reconstruirlo.

Pese a las significativas transformaciones sufridas a lo largo del último siglo, el conjunto de Escornalbou conserva gran parte de su esencia románica. Los elementos arquitectónicos más notables del conjunto monumental son la **iglesia** románica **de Sant Miquel,** los **restos de la sala Capitular** y el **claustro.** Otro de los legados de Eduard Toda es la excelente colección de cerámicas y grabados que puede contemplarse en una de sus salas. Sobre el monasterio fortificado se alza la **ermita de Santa Bárbara,** erigida en la cima de una colina que disfruta de una increíble panorámica sobre el campo de Tarragona.

● LA CARTUJA DE ESCALADEI

Desde el castillo de Escornalbou hay que retroceder hasta la C 242 y dirigirse hacia Cornudella de Montsant. Pero antes de visitar esta población, situada junto al pantano de Siurana, la ruta propuesta se dirige por la carretera comarcal T 702 hacia otro de los históricos ejemplos de arquitectura monacal del Baix Camp, las ruinas de la cartuja de Santa Maria d'Escaladei, en el municipio de Morera de Montsant.

Fundada en el siglo XII, esta cartuja está considerada como la más antigua de la Península. El proceso de desamortización también desembocó en su exclaustración, motivo por el que su estado de conservación dista mucho de la monumentalidad que debió ostentar en otros tiempos.

Del conjunto arquitectónico, declarado de Interés Nacional, sobresalen los restos de la **iglesia de Santa Maria** y ciertas dependencias monacales, además de la imponente puerta neoclásica de entrada al recinto. La visión de su arco flanqueado por cipreses y, tras de ella, las abruptas paredes de la **sierra de Montsant,** alude a la más pura imaginería lírica.

Como curiosidad, decir que el nombre de la cartuja deriva del término latino *Scala Dei,* en referencia a la tradición oral que explica cómo un pastor del lugar contempló que del cielo bajaba una escalera por la que descendían ángeles y almas en pena.

● CORNUDELLA DE MONTSANT

Desde la cartuja de Escaladei la ruta toma de nuevo la T 702, en dirección a Alforja. Aproximadamente a 12 km, una bifurcación a la derecha (C 242) conduce directamente a la localidad de Cornudella de Montsant.

Situada sobre la falda septentrional de la sierra de Montsant, la villa de Cornudella disfruta de un entorno natural extraordinario. Su privilegiada situación ha convertido a esta población en base de excursiones hacia las **sierras** de **Montsant** y de **Prades.** Entre estas excursiones cabe citar los itinerarios que conducen a la ermita de Sant Joan del Codolar, el **barranco de Pèlegs** y la **cueva Santa.**

Aunque la actividad turística ha dinamizado sobremanera la economía local, ésta sigue sustentándose en la elaboración de excelentes vinos y, especialmente, la recolección de frutos secos. Precisamente, la tradición vitícola se refleja en el magnífico edificio modernista de la **Bodega Cooperativa,** obra del arquitecto Cèsar Martinell. Otros edificios de interés son la **iglesia** arcipestral **de Santa Maria,** obra del primer renacimiento catalán, y la primitiva **ermita de Sant Joan de Codolar,** erigida en el siglo XII en un bello paraje al pie del Montsant.

DE LA COSTA DORADA A LAS MONTAÑAS DE PRADES

● SIURANA DE PRADES

Muy cerca de Cornudella, en la carretera C 242 que lleva hasta Prades, surge un cruce que asciende al encantador pueblecito de Siurana de Prades. Esta pintoresca pedanía de Cornudella, encaramada en lo más alto de una espectacular peña, brinda al visitante una vasta panorámica del pantano de Siurana y el valle de Cornudella.

Su diminuto caserío está presidido por las **ruinas del castillo** musulmán, la última fortaleza árabe que sucumbió en Cataluña ante la presión de las tropas cristianas. Entre sus retorcidas callejuelas se halla la **iglesia de Santa Maria de Siurana,** templo del siglo XII e íntegramente románico, que destaca por una rara particularidad: el acceso a su única nave se realiza a través de una obertura en uno de sus laterales. Junto a la parroquia se abre el vertiginoso acantilado conocido con el nombre de **Salto de la Reina Mora,** llamado así porque, según cuenta la leyenda, desde él se despeñó junto a su caballo la última reina mora, para no caer en manos de los cristianos.

● PRADES

Hay que descender de nuevo hasta la C 242 para dirigirse hasta la tranquila localidad de Prades, emplazada entre las montañas del mismo nombre. Conocida popularmente como la "vila vermella" (villa roja), dado el color de la piedra autóctona con la que se construyeron sus casas más antiguas, Prades se ha convertido en un centro de referencia para el turismo rural en las comarcas de Tarragona. Su atractivo entorno natural, con espectaculares paisajes y frondosos bosques de encinas, pinos y castaños, convierte a la villa en el punto ideal para recorrer los senderos de las montañas de Prades, la unidad orográfica más destacada de la comarca del Baix Camp.

Además de las posibilidades turísticas de su entorno, Prades conserva un interesante centro histórico delimitado por los restos de un antiguo recinto amurallado, del que aún queda en pie una de las puertas de acceso. En la plaça Major, centro neurálgico de Prades, se levanta la **iglesia de Santa Maria,** una ecléctico templo que aglutina elementos arquitectónicos de tres estilos diferentes: románico, gótico y renacentista. De este último estilo es la **fuente** que se erige en la misma plaza.

A las afueras de Prades se emplaza la **ermita de l'Abellera,** desde cuya posición se obtienen espléndidas vistas de las montañas de Prades y la sierra de Montsant.

Río Montsant

4. El delta del Ebro

El delta del Ebro constituye uno de los parques naturales más singulares de Cataluña, y la segunda zona húmeda en importancia de la Península tras las marismas de Doñana. Sus paisajes arroceros, sus dunas, las lagunas y sus valores medioambientales, lo convierten en uno de los espacios más interesantes para visitar en la provincia.

● SANT CARLES DE LA RÀPITA

El itinerario tiene como punto de partida la localidad marinera de Sant Carles de la Ràpita. Su **puerto pesquero,** uno de los más activos de Cataluña (el tercero en importancia por su volumen de capturas), es el centro económico y social de esta villa. Gracias a su estrecha relación con la pesca, Sant Carles de la Ràpita está considerada como la capital gastronómica de las tierras del bajo Ebro. Así, es casi obligatorio degustar sus suculentos productos, que no sólo provienen del mar, sino también del río y de la tierra. Las angulas, los pescados frescos, el arroz y los langostinos, estos últimos de afamada calidad, son los principales emblemas de su oferta gastronómica.

Aparte del puerto y de la lonja (donde cada tarde tiene lugar la compleja subasta del pescado), otro de los centros neurálgicos de la población es la **plaza de Carlos III,** un tributo al rey que fundó esta villa en el siglo XVIII con el fin de aprovechar su enorme potencial portuario.

Muy cerca de esta plaza, concretamente en la calle de Pere Castro, se halla la **iglesia Nueva,** templo neoclásico diseñado en tiempos del monarca Borbón. Presenta una planta de cruz griega y una fachada clasicista ornamentada con cuatro enormes columnas de inspiración jónica, pero quedó sin cubierta. De hecho, gran parte del legado arquitectónico neoclásico de la población se encuentra inacabado, dado que el ambicioso proyecto urbanístico de Carlos III cayó en el olvido tras su fallecimiento. De la aduana portuaria, el palacio del gobernador, la iglesia, los almacenes... apenas quedaron el proyecto o algunas escasas ruinas. Otro notable edificio de Sant Carles es el **convento de las Monjas Sanjuanistas,** del siglo XVI, y presidido por una espléndida fachada.

La proximidad de Sant Carles a la desembocadura del Ebro abre un sinfín de posibilidades turísticas, desde excursiones con intereses naturales a través del delta a, simplemente, acercarse hasta alguna de sus plácidas **playas,** como la del **Trabucador,** para darse un paseo o un baño.

● AMPOSTA

La capital de la comarca del Montsià, y puerta de entrada al delta del Ebro, se instala sobre la orilla derecha del río. Aparte del notable peso de los servicios y el comercio que le otorga su condición de centro comarcal, la actividad económica de Amposta se centra en la pesca y, sobre todo, en la agricultura. Así, en Amposta se localizan un buen número de productores de arroz, el cultivo predominante en el delta.

La ciudad se comunica con el margen izquierdo del Ebro a través de un soberbio **puente** colgante, sin duda alguna el emblema de la ciudad. Aunque sus orígenes se remon-

EL DELTA DEL EBRO

Arrozales del delta del Ebro.

tan a principios del siglo XX, el actual puente se construyó en la década de 1950, tras haber sido destruido el primero durante la Guerra Civil. Su estructura muestra dos pilastras de piedra en forma de arco de triunfo en los extremos, y una estructura metálica sostenida por cables.

Junto al puente se extienden el casco antiguo de la ciudad, presidido por la **iglesia de Santa Maria,** y el barrio de pescadores, conocido con el nombre de **Es Grao.** La plaza del Castell recuerda con su nombre que junto al acceso del puente hubo antaño una fortaleza, que custodió y defendió durante siglos la desembocadura del Ebro de los frecuentes ataques piratas, aunque sus orígenes se remontan al paso de los árabes por estas tierras.

Merece la pena visitar el **Museu del Montsià** (telf. 977 702 954; www.museumontsia.org) con una didáctica exposición referente a la tradición arrocera de la comarca y los valores naturales del delta del Ebro.

● DELTEBRE

Una modesta carretera comarcal se introduce desde Amposta hasta el corazón del delta, donde se halla su principal núcleo urbano: Deltebre. Esta localidad se estructura en torno a dos núcleos urbanos, el de **Jesús i Maria** y el de **La Cava,** uno a cada lado del río. La actividad económica de Deltebre se vertebra en base al cultivo del arroz y, sobre todo, del turismo. Su privilegiada situación, entre los principales espacios naturales del Parque Natural del Delta del Ebro, ha propiciado el desarrollo de un destacado sector turístico orientado a la difusión de la diversidad natural y de la gastronomía de la zona. Frente al edificio de la Cooperativa Arrocera se emplazan las instalaciones del **Centro de Información del Parque,** un excelente punto para consultar las posibles rutas por el delta y recibir información sobre sus valores naturales y paisajísticos, con excursiones guiadas por guardias del parque.

EXCURSIONES POR LA PROVINCIA DE TARRAGONA

● PARQUE NATURAL DEL DELTA DEL EBRO

El tramo final del río Ebro forma en su desembocadura, debido al arrastre de grandes cantidades de materiales detríticos, un delta de 320 km² que se introduce en el mar a lo largo de 30 km. Aunque podría suponerse que la actual desembocadura tiene un origen geológico muy lejano, en realidad su existencia se remonta a unos cuantos siglos; basta mirar cualquier mapa de época medieval o de inicios de la era moderna para ver que este apéndice de la Península no existía.

La progresiva deforestación de su cuenca interior, especialmente dramática en zonas como los Monegros, supuso un incremento de la erosión de los suelos y, por tanto, de los sedimentos aportados por el río a su desembocadura. La acumulación de estos sedimentos es lo que comenzó a conformar el actual delta. Hay que

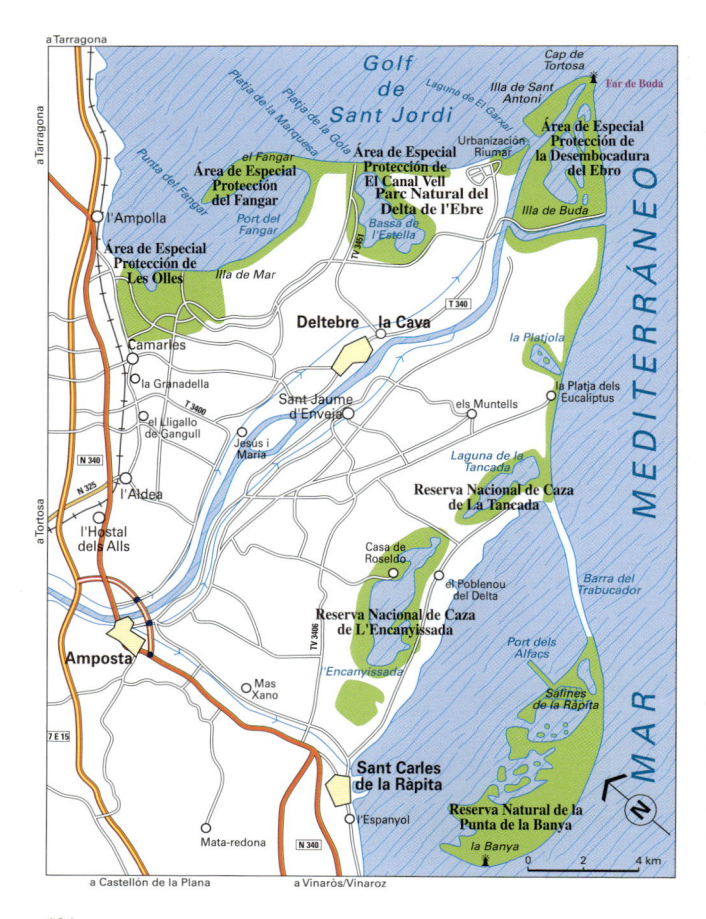

EL DELTA DEL EBRO

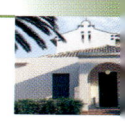

recordar también que este proceso se invirtió radicalmente a partir de la construcción de los diversos pantanos, y actualmente el delta, falto de derrubios que lo alimenten, se encuentra en una preocupante regresión de su territorio, que ya ha obligado a realizar algunas actuaciones para proteger diversas lenguas de arena.

La singular belleza paisajística y natural del delta del Ebro incluye la zona húmeda más importante de Cataluña, y la segunda de la península Ibérica tras las marismas de Doñana. Con el fin de proteger este rico y frágil ecosistema, en el año 1983 se creó el Parque Natural del Delta del Ebro, que con una extensión de aproximadamente 8.000 ha es uno de los puntos de nidificación de aves migratorias más importantes de Europa. Así, sus lagunas, salinas y dunas dan cobijo a una población aproximada de 300.000 aves, de 300 especies distintas, que encuentran en esta zona húmeda un espacio ideal para la hibernación y la cría. La mejor época para observar las aves es durante el otoño, cuando la llegada de los hibernantes del norte de Europa coincide con el paso de otros migradores que se dirigen a tierras más sureñas.

Entre las aves que tiñen de color las aguas del delta cabe destacar el majestuoso flamenco, sin duda alguna la especie más emblemática del Parque. Además del valor ornitológico, el delta presenta una gran variedad de flora lacustre y una amplia representación de la fauna propia de las zonas húmedas, con importantes colonias de anfibios y reptiles.

El Parque Natural del Delta del Ebro es todo un ejemplo de desarrollo sostenible, respetuoso con el medio ambiente. Sus valores naturales conviven a la perfección con la actividad humana, hecho que se demuestra con un solo dato: casi un 75% de la superficie protegida está ocupada por tierras de cultivo, en especial, arroceros, introducidos en el delta a mediados del siglo XIX.

Un buen itinerario para conocer el parque puede ser el que va desde el margen izquierdo de la desembocadura hasta la isla de Buda y la parte sur del delta. Su inicio sería, pues, en la punta del Fangar.

Barraca del delta del Ebro.

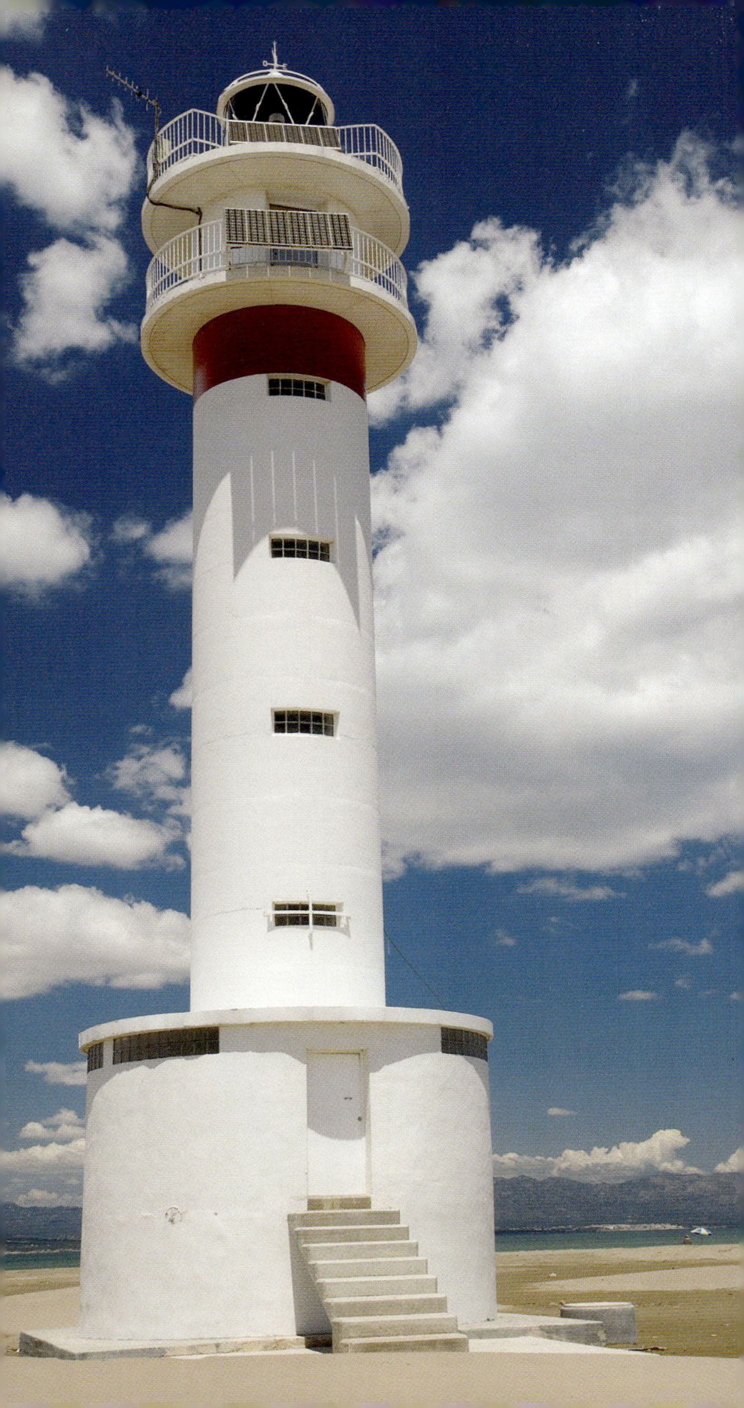

EL DELTA DEL EBRO

● PUNTA DEL FANGAR

El Área Especial de Protección de la Punta del Fangar es un espacio de gran variedad paisajística y natural, además de uno de los puntos de mayor relevancia en la ornitofauna del delta. Esta insólita zona desértica y arenosa se encaja en una pequeña península de 410 ha, enmarcada entre la **playa de la Marquesa** y el **puerto del Fangar**, situado frente a la costa de **l'Ampolla.** Además de su idoneidad para la observación de aves, cabe destacar su cordón dunar, que constituye uno de los sistemas dunares mejor conservados del litoral catalán.

● DESEMBOCADURA E ISLAS DE BUDA Y SANT ANTONI

La desembocadura del río Ebro en el Mediterráneo se convierte en todo un espectáculo de contrastes, generados por la fusión entre el agua dulce del río y el agua salada del mar. Para acceder a la desembocadura y su Área Especial de Protección hay a disposición del visitante diversas barcas recreativas que parten desde Deltebre o bien desde el embarcadero de la isla de Buda.

Frente a la desembocadura, con una anchura máxima de 350 metros, se emplaza la **isla de Sant Antoni,** con un paisaje de dunas y la vegetación propia de este hábitat. Junto a ella está la **isla de Buda** (1.200 ha), una de las zonas biológica y paisajísticamente más ricas del delta, ya que en ella se encuentran representados todos los ecosistemas naturales de la zona. Con el fin de preservar su fauna y evitar el contacto con las aves durante el periodo de nidificación, está prohibido el acceso a la isla. Aun así, se puede observar su riqueza natural desde la **duna-mirador dels Muntells de les Verges,** situada frente a la isla sobre el margen izquierdo del río.

● LAGUNAS DE L'ENCANYISSADA Y LA TANCADA

Para acercarse a las zonas lacustres del sur del delta hay que atravesar el río. Para ello hay que tomar una barcaza en Deltebre (apta para vehículos) que lleva a la población de **Sant Jaume d'Enveja.** Las lagunas de l'**Encanyissada** y la **Tancada,** ambas situadas frente a la Punta de la Banya y la barra del Trabucador, son las mayores formaciones lacustres del delta. Constituyen un excelente punto de observación de aves y especies propias de las lagunas litorales. Junto a la laguna de l'Encanyissada se encuentra la **casa de la Fusta,** sede del **Ecomuseu del Delta,** con exposiciones referentes a las lagunas del delta y las aves que encuentran en ellas su hábitat, además de punto de información del parque. La casa de Fusta es un refugio traído íntegramente desde Canadá e instalado en el año 1926 para el disfrute de una familia burguesa de Barcelona que consiguió una concesión de caza de diez años.

● PUNTA DE LA BANYA

Se accede a la **Reserva Natural de la Punta de la Banya** por la barra del Trabucador, un estrecho paso de arena que conecta el cuerpo central del delta con el puerto dels Alfacs y la península de la Banya. Se trata de uno de los lugares más espectaculares desde el punto de vista ornitológico, no sólo del delta, sino de todo el litoral mediterráneo. ◆

EXCURSIONES POR LA PROVINCIA DE TARRAGONA

5. De Tortosa a Els Ports de Beseit

Esta excursión permite conocer el extenso patrimonio arquitectónico medieval de la capital de las Terres de l'Ebre, Tortosa, y se completa con la visita al Parque Natural de Els Ports de Beseit, un espacio natural poco conocido pero que esconde unos abruptos y espectaculares paisajes.

● **TORTOSA**

La capital de la comarca del Baix Ebre es una de las ciudades más monumentales de la provincia de Tarragona. Su excelente conjunto monumental es el resultado del paso por estas tierras de una amalgama de culturas y civilizaciones que han dejado huella, tanto en su estructura urbana como con su herencia cultural y arquitectónica. Así, romanos, visigodos, árabes y judíos se sucedieron en Tortosa a lo largo de los siglos, dada su privilegiada situación junto a las vías de comunicación entre el Mediterráneo y el interior peninsular.

Uno de los legados más antiguos de su pasado es el **castillo de la Suda** o **de Sant Joan,** antigua fortaleza que vigila, sobre un promontorio en la orilla izquierda del Ebro, la ciudad y el tránsito por estas tierras. Este baluarte militar, construido en el siglo X por orden del califa Abderramán III, fue posteriormente residencia real de Jaime I, y luego pasó a manos de los caballeros templarios. En la actualidad, el edificio se ha reconvertido para su uso como Parador, el único existente en la provincia. Junto al castillo se extienden los **jardines del Príncipe,** un peculiar museo al aire libre con obras del escultor Santiago de Santiago.

En el casco antiguo de Tortosa, declarado Conjunto Historico-Artístico de Interés Nacional, se levanta la magnífica catedral, una de las muestras góticas más notables en

Tortosa, catedral y río Ebro.

Cataluña. La construcción es un excelente reflejo del paso de las diferentes civilizaciones por Tortosa: fue edificada sobre los restos de un antiguo templo romano, rehecho como mezquita y, posteriormente, se levantó una iglesia románica, antes de construirse el actual templo gótico. Aparte de la nave y el claustro góticos, cabe destacar su fachada barroca y la capilla dedicada a la Virgen de la Cinta, patrona de la ciudad.

En la misma plaza de la Cinta o de la Catedral se halla uno de los rincones más pintorescos de Tortosa: el **arco de Romeu.** Este era el antiguo portal de acceso a la villa medieval amurallada, cuyo trazado correspondía con el perímetro de las murallas romanas. Asegura la leyenda que la aparición bajo el arco de un guerrero vestido de peregrino impidió la entrada de las tropas musulmanas que pretendían recuperar el control de la ciudad.

Junto a la catedral se levanta el edificio del **palacio Episcopal,** ejemplar edificio gótico con una capilla del mismo estilo. Otro de los legados del pasado medieval de la ciudad son los **Reales Colegios de Sant Jaume y Sant Matíes,** antigua universidad construida por iniciativa del monarca Carlos V a mediados del siglo XVI. Su conjunto es uno de los mejores ejemplos del renacimiento catalán. Completa el patrimonio arquitectónico tortosino la **iglesia de Sant Domènec,** actual sede del **Museu de Tortosa** y el **Arxiu Històric Comarcal de les Terres de l'Ebre.**

Otro testimonio de la presencia de comunidades bien diversas en Tortosa es el **Call,** antiguo barrio de los judíos instalados en el siglo X en Tortosa y considerado como uno de los más relevantes de Cataluña. Emplazado en lo que hoy es el barrio de Remolins, el Call conserva casi intacta su estructura urbanística, caracterizada por el laberíntico entramado de callejuelas. Uno de sus elementos más destacados es la **puerta dels Jueus,** uno de los accesos a la judería que han sobrevivido hasta nuestros días.

Patio de los Reales Colegios de Tortosa.

EL MONT CARO

Desde la capital del Baix Ebre el itinerario propuesto se dirige hacia la cumbre de els Ports de Beseit: el pico del **Mont Caro** (1.447 m). Desde Tortosa es necesario tomar la carretera local T 342, que cruza el vecino núcleo urbano de Roquetes. Allí nace la carretera dels Reguers-Alafara de Carles, que conduce, a través de un sinuoso trazado, hasta la misma cima del Mont Caro. En total, la distancia entre Tortosa y la cumbre es de 24 km.

Desde el pico del Mont Caro, coronado por un **monolito** en honor de la **Virgen de la Cinta,** se contempla una vastísima panorámica de la región: al este, la ciudad de Tortosa y el lento discurrir de las aguas del Ebro hasta su desembocadura en el delta. Al oeste, las comarcas castellonenses del Matarranya y el Maestrazgo; al sur, el castillo de Peñíscola y el macizo valenciano de Penyagolosa, y al noroeste las montañas de Prades, el Montsant y, en el horizonte más lejano, incluso los Pirineos. El Mont Caro es la atalaya de uno de los espacios naturales más salvajes y abruptos de la geografía catalana: el Parque Natural dels Ports de Beseit.

PARQUE NATURAL DE ELS PORTS DE BESEIT

El macizo calcáreo de els Ports de Beseit es una zona montañosa de transición entre las cordilleras litorales catalanas y el Sistema Ibérico, que se extiende a caballo entre las comarcas del Montsià, el Baix Ebre, la Terra Alta y, en la provincia de Castellón, la Matarranya. Esconde parajes de gran belleza, extremadamente abruptos, e importantes valores naturales.

Con el objetivo de preservar su riqueza natural y geológica fue creado el Parque Natural dels Ports de Beseit, con una superficie próxima a las 35.000 hectáreas. Su abrupta y compleja composición orográfica está cubierta por una rica y variada vegetación de pinares, encinares y hayedos, además de otras muestras de flora endémicas. El macizo engloba especies típicas de la vegetación mediterránea (en sus zonas más bajas) y formaciones boscosas más características de los climas oceánicos, como la magnífica **Reserva Natural de les Fagedes,** el bosque de hayas más meridional de la península Ibérica.

Entre su rica fauna destacan los ejemplares de cabra hispánica, sin duda alguna la especie más emblemática del parque, ya que aquí se encuentra la colonia más numerosa en territorio catalán. Además de la cabra montesa, que coloniza las peñas más inaccesibles del parque, los bosques de Beseit son refugio de especies como el jabalí, la gineta y otras tan amenazadas como la tortuga mediterránea y la esquiva nutria. Entre las aves, cabe destacar algunas parejas de águilas reales y una numerosa colonia de buitres leonados. Los principales accesos al parque desde Cataluña son básicamente tres: la entrada norte por **Horta de Sant Joan,** el acceso desde **Roquetes** (con la subida directa a la cima del Mont Caro) y, al sur, la entrada por la población de **Mas de Barberans** o de la Sènia. ◆

6. Tierras interiores del Ebro

Este itinerario recorre algunas comarcas interiores de la provincia. Son zonas poco exploradas por el masivo turismo que se instala en la zona costera, a pesar de la escasa distancia que les separa. Ello permite disfrutar de unos ambientes tranquilos y conocer con mayor profundidad la cotidianedad de la vida de los tarraconenses. Además, la singularidad de los paisajes mediterráneos de estas tierras vitícolas no defraudará.

● FALSET

La capital de la comarca del Priorat es conocida por ser uno de los centros vitivinícolas más importantes de Cataluña. Los vinos de esta región se amparan bajo las denominaciones de origen Priorat y Montsant, que han alcanzado un enorme prestigio. Testimonio de la gran tradición en la producción vinícola es la **bodega de la Cooperativa Agrícola,** construcción modernista del año 1919 y una de las bodegas más representativas de Cataluña.

La vida de Falset se estructura en torno a la **plaza** porticada **de la Quartera,** abierta sobre una sensible pendiente. En los aledaños de la plaza, escenario semanal del concurrido mercado, se levantan dos de los edificios más notables del patrimonio local: el **palacio** renacentista **dels Ducs de Medinacelli,** hoy ocupado por las dependencias del **Ayuntamiento,** y la **casa Gran,** antigua residencia de los condes de Azara y actual sede del **Centre d'Estudis de Falset.** Otro edificio de interés es la **iglesia** arciprestal **de Santa Maria,** templo barroco alzado sobre una antigua ermita románica. Además de los numerosos palacetes nobiliarios, Falset conserva otros elementos de su pasado medieval, como algunos tramos del antiguo cinto de **muralla,** el **portal del Bou** (el único que resta de los cinco que daban acceso a la ciudad), y los **restos del castillo,** bastión militar erigido en el siglo XII y actualmente en avanzado proceso de rehabilitación.

Falset

EXCURSIONES POR LA PROVINCIA DE TARRAGONA

● MÓRA D'EBRE

A 17 km de Falset por la N 420 está la población de Móra d'Ebre, capital de la Ribera d'Ebre. El caserío de esta villa, emplazada en lo alto de una colina que asoma sobre la orilla derecha del río Ebro, está coronado por las escasas **ruinas del castillo de la Móra**. De origen musulmán, esta fortaleza fue uno de los puntos fundamentales de la custodia del paso del Ebro. Actualmente, de su conjunto sólo se conservan las murallas exteriores y dos de sus torres vigías, semiderruidas, desde las que se disfruta de una buena panorámica sobre el río y su entorno.

En la plaza de Baix, y junto a las aguas del Ebro, se erigen la **iglesia parroquial de Sant Joan Baptista**, reconstruida tras la Guerra Civil, y la **Casa Consistorial**. Otros edificios de interés son el **convento de les Mínimes**, la dieciochesca **casa Montagut** y las **ermitas de Sant Jeroni y Santa Madrona**, estas últimas situadas en un agradable paraje.

● MIRAVET

Desde Móra d'Ebre la T 324 se dirige hacia la población de Miravet, una de las más pintorescas del Ebro

Miravet.

"catalán". Los orígenes de Miravet se remontan a los tiempos de la conquista musulmana de la Península, hecho que se demuestra en el origen de su topónimo: *Al-Muravit,* que significa "monje-guerrero". Aparte del nombre, han quedado como testimonio del paso de los musulmanes por Miravet, a finales del siglo XI, la estructura de su arrabal y la imponente fortaleza.

Construido sobre un antiguo asentamiento romano, el **castillo** de Miravet fue un importante núcleo de defensa contra las incursiones cristianas procedentes del norte. Tras la conquista cristiana, en el siglo XII, se instala en el castillo una orden de los templarios, hecho que confiere al edificio un cierto halo místico y enigmático. El conjunto defensivo sobresale por su imponente muralla, presidida por grandes torres rectangulares. Junto al castillo se abre el **mirador de la Sanaqueta,** excelente punto para contemplar una perfecta panorámica del curso del Ebro y del resto del conjunto monumental de Miravet. De hecho, el pueblo queda al pie del castillo; resulta agradable un paseo por su tranquilo núcleo, presidido por la **iglesia Vella,** hoy sala de exposiciones, y, sobre todo, hay que acercarse hasta la orilla del río, pues desde allí se obtiene la mejor vista del castillo, colgando sobre las aguas del Ebro.

Un aspecto en el que destaca Miravet es su gran tradición alfarera. La fama de la cerámica miravetana se sustenta en sus perfectos acabados y en la huella mudéjar de sus composiciones.

Otra de las peculiaridades de distinguen a Miravet es el paso de la barca, el único transbordador sin motor que atraviesa el río Ebro en la provincia de Tarragona.

● BENIFALLET

El pueblo de Benifallet se encuentra al otro lado del río respecto a Miravet. Por lo tanto, es necesario volver a Móra d'Ebre y tomar la carretera C 12, o bien cruzar el río por el paso de la barca. Situado a los pies de la sierra de Cardó, en Benifallet pueden visitarse sus conocidas **cuevas,** uno de los conjuntos cavernarios más importantes de la provincia y el principal reclamo turístico de la población. Descubiertas en 1968 por un grupo de espeleólogos aficionados, las cuevas de Benifallet presentan tres grandes cavidades: las **cuevas** de **Marigut,** Dos y les Meravelles. Sólo las zonas más transitables de las cuevas de les Meravelles y del Dos están abiertas al público. La **cueva de les Meravelles** tiene un recorrido total de 510 m, y destaca por la gran cantidad de estalactitas y estalagmitas, además de coladas, columnas y banderas; el lento goteo de las aguas de infiltración cargadas de carbonatos ha ido moldeando fascinantes y curiosas formaciones. La **cueva del Dos** es una gran sala de aproximadamente 200 metros de amplitud, también con un buen número de excéntricas formaciones.

Además de estas cuevas, Benifallet atesora un interesante casco antiguo de estrechos callejones, antaño estructurados en torno a una fortaleza ya desaparecida. Su **iglesia** parroquial **de l'Assumpció** es una obra neoclásica (muy maltrecha tras la Guerra Civil) y la **ermita de la Mare de Déu de Dalt** es un pequeño templete románico erigido en lo alto de una peña que domina el caserío.

Cerca del núcleo urbano, en la recóndita vall de Cardó, se emplazan las antiguas instalaciones del **balneario de Cardó.** Sus orígenes se remontan a un convento carmelita fundado a principios del siglo XVII, y reconvertido después en balneario. En la actualidad, junto a los restos del edificio se ha instalado una planta embotelladora de agua mineral.

> ### *El pas de la barca*
>
> *Miravet es el único pueblo de la provincia de Tarragona desde donde es posible atravesar el río Ebro en una barca no mecanizada. Se trata de una costumbre, necesidad si lo prefieren, cuyo origen se remonta a tiempos inmemoriales. La barca en cuestión (hay dos, la Isaac Peral y la Monturiol) está formada por dos* llaguts *sobre los que descansa una plataforma de madera. Esta peculiar embarcación está sujeta a un cable metálico, llamado* ramalet, *que está unido a su vez a la* gúmena, *otro cable más grueso que atraviesa el río a una cierta altura de la superficie del agua. Sus extremos están fuertemente atados a una roca o pilón especial a ambos lados del río. Llegar a la otra orilla sólo depende de la corriente y de la mano diestra del barquero. Este sistema funciona tal cual desde el año 1946.*

● XERTA

Aguas abajo de Benifallet se sitúa, junto a un pronunciado meandro del Ebro, la población de Xerta. El principal interés turístico de esta villa es el **azud de Xerta-Tivenys**. Se trata de una infraestructura fluvial destinada a desviar parte del caudal del río hacia los canales de la derecha e izquierda del Ebro. Sus orígenes se remontan a la época de dominación islámica, y ha sido usado desde entonces hasta la actualidad. A mediados del siglo XIX fue acondicionado para conducir el agua a los canales, posibilitando también el tráfico fluvial. Así, las balsas que transportaban madera desde el Pirineo, utilizando el eje Noguera-Segre-Ebro, llegaban hasta Tortosa tras superar el tramo de Xerta por los canales. A principios del siglo XX empieza a utilizarse para generar energía eléctrica, recurso que aún se explota.

● GANDESA

Desde Xerta a Gandesa hay que recorrer unos 24 km por la C 12 y la C 43. Dada su condición de capital comarcal de la Terra Alta, Gandesa concentra una notable oferta de servicios y comercios, además de ser uno de los principales puntos de referencia en la actividad vitivinícola de la comarca (que cuenta con denominación de origen propia). Precisamente, uno de sus edificios más notables y emblemáticos es el de la **Cooperativa de Gandesa**, edificio construido bajo los cánones modernistas y diseñado por César Martinell, uno de los discípulos de Antoni Gaudí. Junto a la Cooperativa hay una tienda en la que pueden adquirirse todos sus productos (vinos, aceite y otras elaboraciones propias de la zona).

Otro de los edificios destacables de Gandesa es la **iglesia de l'Assumpció**, obra románica del siglo XIII erigida sobre una antigua mezquita árabe, y con muchas remodelaciones posteriores.

En el mismo término municipal de Gandesa se emplazan las instalaciones del **balneario-santuario de la Fontcalda,** cuyas fuentes termales se explotan terapéuticamente desde el siglo XVIII.

TIERRAS INTERIORES DEL EBRO

La historia de Gandesa y de su comarca estará siempre marcada por el funesto recuerdo de la Guerra Civil. Fue en estas tierras donde tuvo lugar la famosa y cruenta batalla del Ebro. Durante más de 4 meses, republicanos y nacionales se enfrentaron por el control del paso del Ebro, un punto de vital importancia estratégica. La batalla se saldó con 7.000 muertos en el bando nacional y más de 14.000 entre los republicanos. Un testimonio de los estragos de la guerra en la zona es el núcleo antiguo de la vecina **Corbera d'Ebre** (a 3 km de Gandesa por la N 420), totalmente destruido durante la batalla.

● HORTA DE SANT JOAN

La carretera C 43 y la T 330 llevan desde Gandesa hasta la población de Horta de Sant Joan. El principal reclamo turístico y cultural de la localidad radica en el interesante **Centre Picasso d'Horta,** museo temático dedicado exclusivamente a la relación del pintor malagueño con este pequeño pueblo de Tarragona. Sus paisajes inspiraron sobremanera las obras cubistas del pintor, hasta el punto de que él mismo llegó a afirmar: "Mis sensaciones más puras las experimenté en los puertos de Horta cuando, a los dieciséis años, me retiré a pintar". El centro, instalado en un antiguo edificio renacentista utilizado como hospital, pretende homenajear los fuertes lazos de estimación que se establecieron entre el pintor y Horta de Sant Joan. Así, su sala de exposiciones recoge desde el año 1992 reproducciones de prácticamente todas las obras que el pintor creó durante sus dos estancias en la villa (1898 y 1909), además de otras obras que evocan a la población. Para admirar el resultado de la interpretación que hizo Picasso de los paisajes de la zona, basta con asomarse al pueblo y alrededores.

Además, merece la pena pasear por el núcleo antiguo del pueblo, de marcado carácter medieval. Su **plaza de l'Església** constituye un conjunto arquitectónico espectacular, con dos interesantes edificios, el **Ayuntamiento** renacentista y la **iglesia** parroquial **de Sant Joan Baptista,** bella mezcla románica y gótica edificada entre los siglos XIII y XIV.

A unos 2 km de la población se emplaza el antiguo **convento** franciscano **de la Mare de Déu dels Àngels,** conocido como **Sant Salvador d'Horta.** Se trata de una abadía fundada posiblemente por la orden del Temple, con una destacable iglesia gótica. Fue catalogada recientemente como Conjunto Histórico-Artístico de Interés Nacional.

El municipio de Horta de Sant Joan constituye una de las puertas de entrada al **Parque Natural dels Ports de Beseit,** y en el centro de la villa se emplazan las instalaciones del **Cap de l'Ecomuseu dels Ports,** un centro de interpretación del territorio y de los elementos patrimoniales de la zona. ◆

Horta de Sant Joan

INFORMACIONES PRÁCTICAS

- Gastronomía, 118
- Restaurantes, 120
- Calendario de fiestas, 126
- Tapas, cafés, pubs y discotecas, 127

- Museos y otras visitas, 128
- Compras, 132
- Alojamiento, 136
- Transportes y comunicaciones, 140
- Información turística, 140

INFORMACIONES PRÁCTICAS

Gastronomía

De todos es sabido que en Cataluña la gastronomía hace rozar el pecado... el de la gula, se entiende. Tarragona está a la altura de las circunstancias y ofrece algo más que una buena mesa. Pescados, mariscos, salsas de creación propia y ya casi internacionales, dulces... y, por supuesto, vinos. En fin, que resultará difícil resistirse a la tentación de sumergirse por completo en esta *cuina* cien por cien mediterránea.

ARROZ

Quienes recorran por primera vez el delta del Ebro se sorprenderán del espectacular paisaje que conforman los campos de arroz. Un arroz que después pasará a la mesa de múltiples formas: arroz negro, a banda... y sobre todo como *rossejat,* arroz de pescado muy tostado (a veces aquél se sustituye por fideos, como si fuera una *fideuà*).

LA HUERTA

Los *calçots* son tallos tiernos de cebollas blancas y dulces que se cultivan pensando ya en su destino final: las brasas. Comerlos es todo un ritual, sobre todo en la localidad de Valls, que ha hecho de su *calçotada* una de las fiestas gastronómicas más famosas de España. Ataviados con un *pitet* (babero) para no pringarse, los comensales, puestos de pie y formando grupo, deben mojar sus *calçots* abundantemente en una salsa llamada *salvitjada*. Esto es, en líneas generales, lo que ocurre durante las *calçotadas*. El menú no estaría completo sin vino de la tierra, un poco de carne, pan, naranjas y crema catalana.

SALSAS

Los tarraconenses le ponen sal mediterránea a la vida... y salsa a los platos. Una de ellas es el romesco, de las más famosas, cuya receta es casi imposible repetir, ya que cada maestro le pone su particular toque. Aquí van unas pistas: entre sus ingredientes nunca faltan tomates, pimientos secos, avellanas o almendras tostadas, vinagre, aceite de oliva, pimienta blanca y ajo.

La salsa romesco siempre acompaña al *xató,* ensalada de escarola con bacalao típica de El Vendrell, y a un plato muy característico del litoral: el *romesco de peix*. Otra salsa *made in* esta tierra es el *all i oli* (ajo y aceite), de la que los habitantes de la ciudad de Tarragona se consideran "inventores". Al menos, las crónicas de Plinio el Viejo (23-79 d.C.) son un documento más que convincente que parece demostrarlo.

GASTRONOMÍA

DULCES

Aquí cabe prácticamente de todo, ya que la provincia de Tarragona es una experta pastelera. *Pastissets* de Tortosa (rellenos de cabello de ángel), *menjar blanc* de Reus (crema elaborada a base de almendras y azúcar), *rifaclis* (dulces en forma de abanico) y *montblanquines* (almendras con caramelo) de Montblanc, crema catalana en todas partes... y, sobre todo, *carquinyolis,* de L'Espluga de Francolí. Son estos últimos los que forman el llamado *postre del músico* que podrá leer en cualquier carta que se precie. Los *carquinyolis* (extrañamente idénticos a los *cantuccini* toscanos) son pastas secas con denominación de origen de la comarca desde 1888. Para saborearlos, mejor mojarlos en un vasito de vino dulce.

VINOS, LICORES Y CAVAS

Tarragona es tierra de vinos. Así lo atestigua el hecho de que en estas tierras se reconozcan hasta cinco denominaciones de origen: Conca de Barberà, Priorat, Tarragona, Terra Alta y Montsant. Los más conocidos, y que han alcanzado mayor fama, son los vinos del Priorat, con sus tintos de color granate, aroma intenso y sabor denso, con mucha personalidad. Debe saberse, sin embargo, que la comarca del Priorat, de pequeñas dimensiones, cuenta con dos denominaciones de origen, pues también la D.O. Montsant se inscribe en estas tierras vinícolas. Menos conocidas son las otras áreas de producción, pero su constante evolución hace que ofrezcan igualmente vinos de alta calidad. Una de las características de estos vinos tarraconenses es el hecho de que muchos de ellos están elaborados en magníficas bodegas modernistas, auténticas "catedrales del vino", como se las ha denominado, y que en la mayoría de ellas es compatible una visita con la compra *in situ* de sus productos. Deben citarse también los cavas de Serral y los aguardientes de Valls.

PESCADOS Y MARISCOS

El mar Mediterráneo abastece de una gran variedad de pescado y marisco a las mesas de Tarragona. De ahí que uno de los guisos más populares de la tierra sea el *suquet de peix.* En la zona del delta, la anguila es la estrella en platos tan tradicionales como la *anguila en suc,* con guisantes, en salsa... En cuanto al marisco, un apunte: en L'Ampolla se capturan los mejores langostinos de todo el litoral catalán.

Restaurantes

PORTAVENTURA. MEDITERRÀNIA

Restaurante Racó del Mar
Sin duda, el mejor restaurante Port-Aventura donde es posible degustar auténticos platos mediterráneos, con algunas especialidades catalanas muy sabrosas y bien cocinadas. Los comedores presentan distintos ambientes cuya unión responde a una idea de gran casa formada por diferentes viviendas de pescadores. En las paredes, fotos antiguas del puerto de Tarragona y playas cercanas. Dispone también de una agradable terraza.
Precio medio: 25 €.

La Fleca del Mol
Se da cierto aire a una panadería tradicional, sólo que con terraza. Hace las funciones de cafetería (es el sitio ideal para desayunar un café y un bollo), pero de su horno también salen buenas pizzas a cualquier hora del día.
Precio medio: 12 €.

Centre de Pescadors
Una barca y una virgen ambientan este espacio, que recuerda los antiguos lugares de reunión de las cofradías de pescadores. Ubicado a la salida de Furius Baco, funciona como tienda de recuerdos de la atracción, pero también cuenta con servicio de cafetería.

EL Pòsit del Moll Vell
Justo al lado del lago, bar-cafetería para tomar tapas calientes (rabas, croquetas...). También ofrecen menús a base de hamburguesas, patatas y coca-cola por 10 €.

Bar L'Estació
Un quiosco para refrescarse o tomar un tentempié. Ofrece helados y granizados artesanales, y también bocadillos.

PORTAVENTURA. POLYNESIA

Restaurante Bora Bora
Aunque hay sitio en el interior, lo mejor es sentarse en la terraza, con sillas de mimbre y velitas en la mesa. Bora Bora es un autoservicio al lado del **Tutuki Splash**, con música polinesia en directo, donde es posible degustar desde ensaladas hasta especialidades acordes con esta área temática.
Precio medio: 15 €.

Captain's Refuge
Al lado del **Sea Odyssey**. Un buen lugar para hacer un alto en el camino y tomar una *baguette*.

King Kamehameha
Snacks, bocadillos y refrescos, pastas y cafés en esta lograda cabaña.

Bar Tropical
Helados y zumos de frutas naturales elaborados al momento.

Bamboo
Bocadillos, refrescos y cafés.

PORTAVENTURA. CHINA

Restaurante Marco Polo
A unos pasos del embarcadero del **puerto de Waitan** abre las puertas este bufé libre, en el que se puede degustar una amplia variedad de platos tradicionales de la gastronomía asiática.
Precio medio: 16 €.

Restaurante Canton
Cualquier cosa situada en la plaza Imperial, desde la fuente al mismísimo **Dragon Khan**, tiene algo especial. El restaurante situado en el centro ocupa el punto más alto de PortAventura, y su comedor está rodeado de jardines y estanques. Funciona como autoservicio y su especialidad es la cocina china tradicional.
Precio medio: 16 €.

RESTAURANTES

Sichuan
Autoservicio situado en la zona de la Baja China, y a la mitad del recorrido por el parque. Para comer sin perder tiempo arroz, ensaladas, rollitos y otras delicias de la comida rápida oriental.

Waitan Juice
Helados, granizados y zumos de fruta natural para saciar la sed.

Jiangsú
En la misma plaza Imperial. Una alternativa económica si no se consigue mesa en el restaurante Canton o si se quiere ir directamente a la cola del Dragon Khan bocadillo en mano. Los que ofrece este quiosco son de pan de chapata.

Altai
Similar al anterior. Un buen lugar para tomar un bocadillo, un refresco, bollería o café.

PORTAVENTURA. MÉXICO

El Economato
Al pie mismo de la Gran Pirámide, este economato brinda refrescos, zumos, granizados y helados.

Restaurante La Cantina
El más grande del parque, puede acoger hasta 1.000 personas, que pueden disfrutar de una buena comida al son de los mariachis. En la carta, típicos platos del recetario charro. Por fuera, La Cantina simula el tradicional templo de Uxmal, propio de la cultura maya. Por dentro, una verbena en una plaza colonial de México al anochecer. Sólo tiene un problema: las colas. Y eso, a pesar de que cuenta con cuatro líneas de autoservicio.
Precio medio: 16 €.

Restaurante La Hacienda
Precedido por una enorme puerta, una terraza con sillas y sombrillas de vivos colores y frente a la zona comercial, está La Hacienda, el más exquisito de México. Carta cien por cien mexicana, con especialidades sabrosas y picantonas. Entre las bebidas no falta ni el tequila ni las margaritas. Se puede comer dentro o fuera, en un patio con flores y plantas.
Precio medio: 25 €.

Cactus Express
En la plaza de Yucatán. Un quiosco para degustar deliciosos tacos o burritos rellenos de pollo, ternera o chile con carne.

La Palma Real
En el jardín que lleva su nombre, este quiosco ofrece refrescos y bocadillos.

La Guayaba
En la frontera misma entre la selva maya y el Lejano Oeste, este puesto ofrece perritos calientes, bocadillos, patatas fritas y refrescos.

PORTAVENTURA. FAR WEST

Chicken Stampida
Pollo frito al estilo americano, junto a la atracción estrella del Far West, Stampida, la montaña rusa de madera.

Black Smith
El señor Obadiah Blunt decidió un buen día abandonar su trabajo de herrero y reconvertir su taller en casa de comidas. Sólo sabe hacer perritos calientes y bocadillos que los hambrientos aventureros pueden tomar o bien allí mismo o justo detrás de la herrería, donde hay mesas, una zona infantil y unas cuadras abandonadas.

Cold Drinks
Además de refrescos y granizados, bocadillos de pan de chapata y sándwiches variados, con una zona de bancos al lado para sentarse, muy cerca de los Cowboys Games.

The Old Steak House
Autoservicio dividido en dos zonas, una cubierta y otra al aire libre, conocida como *La Barbacoa,* con sillas de madera donde degustar, por ejemplo, costillas ahumadas, churrasco o pollo asado. De postre, *brownie,* y en todo momento, música *country* en directo

a cargo de Los Forajidos de Penitence. Precio medio: 12 €.

Restaurante Mme. Lilie's Grill

Un banco de madera sobre el que se encuentran sentados un vaquero y una chica vestida como mandan los cánones —tendrá que hacer cola para hacerse una foto con ellos— da la bienvenida al *Saloon,* cuya parte trasera acoge un restaurante al aire libre, con ambiente de campo americano, donde se puede comer carne en grandes cantidades.
Precio medio: 20 €.

Restaurante Emma's House

La señora Emma es una experta cocinera que prepara recetas caseras con todo el sabor del Lejano Oeste.
Precio medio: 25 €.

The Iron Horse Hotel

La más refinada cocina del Far West se sirve en este pintoresco hotelito, presidido por banderas americanas y situado justo enfrente del Silver River Flume. Su interior reproduce los detalles de los hoteles de la época, con cuadros relacionados con la historia del ferrocarril. Ambiente tranquilo, camareras vestidas de época y platos muy sabrosos.
Precio medio: 20 €.

Logger's Drinks

Perfecto para hacer un alto en el camino y tomar un refresco, un bocadillo o un café.

Jeremías Food

Junto a los autos de choque, Jeremías ofrece pizza, pasta y ensaladas para acabar con el hambre de los mineros... y de los aventureros. También, postres contundentes. El restaurante (autoservicio) dispone de una agradable terraza de madera.

Grand Canyon Drinks

Lugar ideal para tomarse un bocadillo de pan de chapata con un refresco y el rumor del agua de los rápidos justo al lado.

Hot Dog

Puesto donde venden perritos calientes, también en la zona de los rápidos.

CARIBE AQUATIC PARK

Todos los puntos de restauración de Caribe Aquatic Park ofrecen cocina ligera, desde sándwiches a pizzas. No busque aquí grandes restaurantes, sino comida rápida para poder seguir disfrutando del agua.

Reggae Café

Música caribeña a todas horas en este autoservicio donde se pueden degustar desde costillas a la barbacoa hasta pescado fresco, pasando por un arroz a la jamaicana.

La Cabaña

Tiene sabor y tiene color. La Cabaña está justo en medio de la playa, frente al Triángulo de las Bermudas. Un buen sitio para tomar un tentempié (bocadillos, perritos calientes...) bajo la sombrilla.

Pirata Pizza

La terraza al aire libre del Pirata Pizza siempre está frecuentada por corsarios, bucaneros y, simplemente, comensales. Autoservicio de pizza, pasta y ensaladas caribeñas.

Iguana Snacks

Tiene zona ajardinada, que es donde todo el mundo va a parar después de comprar su helado aquí mismo, en el Iguana Snacks, donde sirven, además, tapas calientes y hamburguesas.

La Langosta

Pues no, su nombre en esta ocasión no da ninguna pista sobre lo que se sirve en el interior. La especialidad de la casa son las hamburguesas.

Beach Bar

Cuando uno está tumbado sobre la arena, no hay mayor placer que poder levantarte de la hamaca y encontrar justo al lado un puesto donde tomar un helado, un cóctel, una cerveza... En Caribe Aquatic, esto es posible.

RESTAURANTES

Vudú Chicken
Los camareros no ponen alfileres en muñequitos que representan a clientes odiosos, podemos asegurarlo. Lo único que hacen es servir un crujiente pollo empanado.

Beach Club
El Beach Club es un espacio exclusivo para los huéspedes de los hoteles Caribe y PortAventura. Ubicado en la playa Llarga de Salou, cuenta con un amplio número de instalaciones para ejercitarse o descansar junto al mar, y también para alimentarse.

Lumine
Restaurante de lujo que practica una cocina creativa de raíz mediterránea. Abre todo el año.
Precio medio: 50 €.

Volcano
Platos de barbacoa junto a la piscina de arena.

Sole Mare
Autoservicio con pizzas, pasta y ensaladas.

Allegro
Refrescos y tentempiés junto a la piscina infantil.

Isola
Lo mismo, pero junto a las piscinas deportivas.

TARRAGONA
AQ
Les Coques, 7.
Telf. 977 215 954.
www.aq-restaurant.com
El nombre responde a las iniciales de sus propietarios —Ana y Quintín—, que ofrecen una cocina mediterránea moderna y original, sin lujos innecesarios, y una cuidada carta de vinos. Cuenta con varias opciones de menú degustación, y otro más económico al mediodía. Precio medio: 42 €.

Fortí de la Reina
Platja del Miracle.
Telf. 977 244 877.
Antiguo fortín levantado por los ingleses en la punta de la platja del Miracle, con unas vistas inigualables. En la carta nunca faltan el arroz negro y el *suquet de peix,* especialidades de la casa. Precio medio: 45 €.

Barquet
Gasòmetre, 16. Telf. 977 240 023.
Los arroces son su especialidad, y también los guisos marineros, como la lubina con avellanas, el bacalao con patatas y crema de alioli o el romesco de arroz con atún.
Precio medio: 35 €.

L'Onada
Pl. del Bisbe Bonet, s/n.
Telf. 977 215 053.
Cocina marinera en el barrio de El Serrallo. Cocina de mercado, pescados y ostras del delta del Ebro.
Precio medio: 40 €.

Les Voltes
Trinquet Vell, 12.
Telf. 977 230 651.
Éste es uno de esos locales que han sentado sus bases sobre la antigua estructura del circo romano. Cocina catalana bien elaborada.
Precio medio: 35 €.

Les Coques
Sant Llorenç, 15. Telf. 977 228 300.
Un ambiente acogedor –piedra y made-

ras oscuras– acompaña a una cocina de corte clásico basada en la calidad de las materias primas.
Precio medio: 50 €.

ALTAFULLA
Faristol
Sant Martí, 5.
Telf. 977 650 077.
Cocina catalana de siempre y platos creativos en una antigua mansión del siglo XVII. También alquila habitaciones. En verano, terraza.
Precio medio: 35 €.
El Pozo
Lleó, 14. Telf. 977 650 273.
Carnes al estilo argentino.
Precio medio: 30 €.

L'AMETLLA DE MAR
L'Alguer
Trafalgar, 21.
Telf. 977 493 372.
Cocina marinera con el sabor de siempre. Precio medio: 35 €.

L'AMPOLLA
Amics del Mar
Paseo Arenal, 2.
Telf. 977 460 402.
Pescado, marisco y arroces.
Precio medio: 30 €.

AMPOSTA
Lo Vaporet
Passeig del Riu, 1.
Telf. 647 433 926.
Platos típicos del delta del Ebro.
Precio medio: 25 €.

CAMBRILS
Joan Gatell
Passeig Miramar, 26.
Telf. 977 360 057.
www.joangatell.com
Especializado en arroces y guisos marineros, como la caldereta de bogavante. Precio medio: 75 €.
La Roca d'en Manel
Passeig Miramar, 38.
Telf. 977 363 024. Ambiente acogedor en pleno paseo marítimo. Como no podía ser de otra forma, aquí rinden culto al pescado y al marisco.
Precio medio: 40 €.

DELTEBRE
Casa Rius
Reis Catòlics, 6.
Telf. 977 489 960.
Arroces y pescados.
Precio medio: 35 €.
Delta
Avda. del Canal-Camí de l'Illeta, s/n.
Telf. 977 480 046.
www.deltahotel.net
Arroces, ancas de rana, anguilas... cocina del Delta en un restaurante de hotel. Precio medio: 30 €.

ESCALADEI
Els Troncs
Rambla, 10. Telf. 977 827 158.
También tiene habitaciones, pero en el apartado estrictamente culinario no se puede pedir más. Dispone de salón y terraza. Platos sabrosos, contundentes y abundantes: caracoles, conejo en salsa, *espardenyes*...
Precio medio: 20 €.

MONTBLANC
Fonda dels Àngels
Pl. dels Àngels, 1.
Telf. 977 860 173.
El restaurante está situado en la primera planta de este coqueto hotel. Siempre está lleno, por algo será. A la hora de la comida el plato estrella son los fideos.
Precio medio: 16 €.

POBLET
Hostal Fonoll
Plaça Ramon Berenguer IV, 2.
Telf. 977 870 333. Su terraza suele estar

RESTAURANTES

muy concurrida, ya que está justo frente al monasterio. *Xató, esqueixada* de bacalao con romesco... y buenas parrilladas. Precio medio: 30 €.

REUS
Celler del Raïm
Raval de Sant Pere, 19-21.
Telf. 977 771 522.
Arroz negro con sepia, supremas de rape con setas... carta tradicional en una casa modernista.
Precio medio: 27 €.

La Glorieta del Castell
Plaça del Castell, 2.
Telf. 977 340 826.
En pleno casco histórico de Reus. Cocina de mercado a base de productos de muy buena calidad.
Precio medio: 30 €.

SALOU
Albatros
Bruselas, 60.
Telf. 977 385 070.
Situado en la cala Llenguadets. Un buen lugar para saborear marisco... o carnes rojas.
Precio medio: 50 €.

La Goleta
Gavina, s/n. Telf. 977 383 566.
Pescados a la sal y vinos del Penedès muy cerca del mar.
Precio medio: 35 €.

Quim Font
Colón, 17. Telf. 977 380 435.
Al final de la playa, este local bien decorado es cien por cien tradicional. ¿La especialidad? Los pescados y el arroz negro.
Precio medio: 40 €.

SANT CARLES DE LA RÀPITA
Can Pons
Passeig Marítim, 20.
Telf. 977 745 859.
Restaurante con solera, perteneciente al hotel Miami, con mariscos y pescados de primerísima calidad.
Precio medio: 45 €.

TORREDEMBARRA
Morros
Passeig Rafael Campalans, 42.
Telf. 977 640 061.
Cocina marinera de calidad frente a la playa.
Precio medio: 45 €.

TORTOSA
Parador de Tortosa
Castillo de la Zuda, s/n.
Telf. 977 444 450.
www.parador.es
El restaurante del parador se ha especializado en recuperar recetas antiguas y darles un toque actual.
Precio medio: 35 €.

Rosa Pinyol
Hernán Cortés, 17.
Telf. 977 502 001. Platos de siempre con grandes dosis de creatividad.
Precio medio: 35 €.

VALLS
Masía Bou
Ctra. de Montblanc, km 21,5.
Telf. 977 600 427.
Restaurante muy popular en Tarragona, sobre todo durante la época de los *calçots*. Precio medio: 30 €.

EL VENDRELL
El Molí de Can Tof
Avda. Santa Oliva, 2.
Telf. 977 662 651.
Antiguo molino a la salida del Vendrell. *Calçots* en temporada.
Precio medio: 50 €.

Pi
Rambla, 2.
Telf. 977 660 002.
Ambiente modernista. *Suquet* de bogavante, pimientos rellenos de butifarra negra, *xató, calçots* con gabardina...
Menú: 9 €. Precio medio: 30 €.

Calendario de fiestas

ENERO
Fiesta de la Calçotada, Valls. El último domingo anterior a la fiesta de la Mare de Déu de la Candela (2 de febrero) se celebra la Gran Festa de la Calçotada. Para degustar *calçots* —cebolla tierna servida con salsa romesco— hay que seguir un ritual que empieza por su colocación sobre brasas de sarmiento, y continúa con el menú y la forma de comerlos: de pie, en grupo y alrededor de una mesa al aire libre.

FEBRERO
Carnaval de Reus. En esta emblemática fiesta es de interés su tradicional batalla campal a tomatazos que tiene lugar el sábado de Carnaval.

ABRIL
Semana Santa de Tarragona. Manifestación religiosa de gran solemnidad en la que destaca la procesión del Viernes Santo.

Semana Medieval de Sant Jordi, Montblanc. En torno a la festividad de Sant Jordi, el 23 de abril, se escenifica por las calles la leyenda de san Jorge y el dragón, con personajes vestidos como en la época de las Cortes Catalanas de 1414.

MAYO
Tárraco Viva, Tarragona. Durante la última semana del mes de mayo tienen lugar en Tarragona las Jornadas Internacionales de Divulgación Histórica Romana, con diversos actos como representaciones teatrales, conferencias, recitales de poesía, conciertos, visitas guiadas... y entrada gratuita a los museos. Algunos restaurantes alteran sus cartas con especialidades a la romana, llenas de imaginación y sabor.

JUNIO
Fiestas de Sant Joan, Valls. Aunque la noche de San Juan se celebre prácticamente en toda Tarragona, las fiestas de Valls resultan de gran interés por sus espectaculares castillos humanos.

Fiesta de Sant Pere, Reus
El 29 de junio, festividad de San Pedro, se honra al santo con desfiles de Gigantes y Cabezudos.

JULIO
Concurso Internacional de Fuegos Artificiales, Tarragona. Durante la primera o segunda semana de julio, la playa del Miracle acoge este festival en el que seis empresas pirotécnicas lanzan sus mejores y más espectaculares fuegos artificiales. El ganador es el encargado de disparar el castillo de fuegos durante las fiestas de Santa Tecla, patrona de la ciudad.

AGOSTO
Fiesta del Setge de Miravet. Segundo fin de semana de agosto. Desde 1997 se escenifica el asedio del castillo de Miravet que supuso el dramático fin de la Orden de los Caballeros del Temple de Jerusalén en la Corona de Aragón, un episodio histórico que tuvo lugar entre 1307 y 1308.

Fiesta Mayor de Amposta. El día 15 de agosto, y en honor a la Asunción de María, Amposta acoge una de las fiestas más importantes del delta del Ebro, con bandas de música, rondallas, toros de fuego y el tradicional y curioso Concurso Internacional de Vestidos de Papel.

SEPTIEMBRE
Fiesta de la Vendimia, L'Espluga de Francolí. El primer fin de semana de septiembre corre el vino por L'Es-

CALENDARIO DE FIESTAS

pluga. Catas y recreación del pisado de la uva dentro de la tina.

Fiestas de la Mare de Déu de la Cinta, Tortosa. El primer domingo de septiembre, día en el que se realiza una gran ofrenda floral y una procesión.

Fiesta de la Mare de Déu de la Serra, Montblanc. El 8 de septiembre es la fiesta mayor de Montblanc, en la que se baila el tradicional *ball de bastons,* en el que los participantes se dan, acompasadamente, suaves golpes con los bastones.

Fiestas de Santa Tecla, Tarragona. Del 14 al 24 de septiembre, correfuegos, castillos, música, pasacalles con Gigantes y Cabezudos... Es la fiesta de la patrona de la ciudad, declarada de Interés Turístico Nacional, en la que no pueden faltar tampoco los *castellers* de las *colles* ("agrupaciones") más prestigiosas de Cataluña.

OCTUBRE

Jornada Castellera de Valls. Tiene lugar el domingo siguiente a la festividad de Santa Úrsula (21 de octubre). Ese día se realizan las exhibiciones castelleras más importantes.

NOVIEMBRE

Día del Arroz del Montsià, Amposta. Se celebra el segundo domingo de noviembre y consiste en una recreación de las actividades agrícolas que culmina con una gran comida a base de arroz.

Fiesta Mayor de Sant Martí, Altafulla. El 11 de noviembre tiene lugar la fiesta mayor de Altafulla, con exhibición castellera y la tradicional arenga, un almuerzo con las sardinas como protagonistas.

DICIEMBRE

Pastorets del Vendrell, El Vendrell. Entre Navidad y Reyes se representan desde 1964 los *Pastorets del Vendrell*, en los que a la típica escenografía navideña se une la música de *El Pessebre*, compuesta por Pau Casals, nacido aquí.

Tapas, cafés, pubs y discotecas

TAPAS

El noble arte de tapear tiene sus adeptos en la ciudad de Tarragona. La ruta del canapé y los vinos de turno se puede empezar en la plaça de la Font, para continuar después por la calle de la Nau y culminar en la plaça del Fòrum Provincial. En Reus, también hay unos cuantos bares interesantes.

TARRAGONA

La Nau
Carrer de la Nau, 12.
Telf. 977 228 719.
Montaditos, jamón ibérico, patatas bravas... La cervecería de moda en la ciudad.

La Quevedo
Plaça de Fòrum, 6.
Telf. 977 235 419.
Desde 1921 sirve raciones sin parar. Un clásico de pequeñas dimensiones por dentro, pero con una agradable terraza para disfrutar cuando llega el buen tiempo.

Taberna Lizarrán
Plaça de la Font, 7.
Telf. 977 230 062.
Parece una obviedad citar este Lizarrán, pero no lo es. Sus canapés son deliciosos, más de lo que acostumbra a servir este tipo de taberna, y lo demuestra el lleno absoluto que hay cada día.

El Tóful
Carrer Arc de Sant Bernat, 4.
Telf. 977 214 216.
Otro clásico en Tarragona, prácticamente al lado de **La Queveda**. Siempre está concurridísimo. Raciones al gusto de todos.

REUS

La Ferretería
Plaça de la Farinera, 10.
Telf. 977 340 326.
Instalado en una antigua ferretería del siglo XIX. Ofrece una amplia carta de tapas, cazoletas, ensaladas y montaditos.

La Medusa
Carrer Vallroquetes, 4.
Telf. 977 346 283.
Tapas selectas en este local que también suele organizar actividades culturales.

CAFÉS

TARRAGONA

Un café... una infusión o una copa. En la ciudad de Tarragona hay tres clásicos muy a tener en cuenta.

El Anticuari
Santa Anna, 3. Telf. 977 241 843.
Un *café-pub* con eventos culturales.

Café Poetes
Sant Llorens, 15. Telf. 977 235 025.
Sólo para bohemios.

El Cau
Trinquet Vell, 2. Telf. 977 231 212.
Además de tomar algo, los clientes pueden participar en los diferentes actos culturales que organizan.

PUBS Y DISCOTECAS

Aquellos a los que la bohemia de los cafés sólo les interese un rato, deben saber que toda la marcha de **Tarragona** se concentra en torno al puerto, junto a los embarcaderos, donde se sucede una cantidad ingente de pubs y discotecas. Detrás de la estación de ferrocarril, se lleva la palma el carrer del Pau del Protectorat.

En las **localidades costeras** siempre hay que dirigir los pasos hacia la playa, donde normalmente se concentran las discotecas de moda. Aunque en estos lugares el ambiente lo proporcionan también los restaurantes, que cierran a altas horas.

Museos y otras visitas

TARRAGONA

Anfiteatre Romà
Parc del Miracle. Telf. 977 242 579.
Horario: de Semana Santa a septiembre, de 9 h a 21 h; domingo, de 9 h a 15 h. Resto del año, de 10 h a 17 h; domingo, de 10 h a 15 h. Lunes cerrado.

Circo romano
Rambla Vella, s/n.
Telf. 977 230 171.
Horario: de Semana Santa a septiembre, de 9 h a 21 h; domingo, de 9 h a 15 h. Resto del año, de 9 h a 19 h; domingo, de 10 h a 15 h. Lunes cerrado.

Museu Nacional Arqueològic de Tarragona (MNAT)
Plaça del Rei, 5. Telf. 977 236 209.
www.mnat.es
Horario: del 16 de junio al 15 de septiembre, de 10 h a 13 h y de 16.30 h a 20 h; domingo, de 10 h a 14 h. Resto del año, de 10 h a 13.30 h y de 16 h a 19 h; domingo, de 10 h a 14 h. Lunes cerrado. La entrada incluye la visita al Museu i Necròpolis Paleocristians.

Museu i Necròpolis Paleocristians
Avda. de Ramón y Cajal, 80.
Telf. 977 236 209.

MUSEOS Y OTRAS VISITAS

Sigue en fase de remodelación y sólo tiene abierta la sala de exposiciones.
Museu d'Història de Tarragona. Casa Castellarnau
Cavallers, 14. Telf. 977 242 220.
www.museutgn.com
Horario: de Semana Santa a septiembre, de 9 h a 21 h; domingo, de 9 h a 15 h. Resto del año, de 9 h a 19 h; domingo, de 10 h a 15 h. Lunes, cerrado.

Museu d'Art Modern
Santa Anna, 8. Telf. 977 235 032. Horario: de 10 h a 20 h; sábado, de 10 h a 15 h y de 17 h a 20 h; domingo y festivos, de 11 h a 14 h. Lunes, cerrado.
Passeig Arqueològic
Avda. Catalunya, s/n.
Telf. 977 245 796.
Horario: de Semana Santa a septiembre, de 9 h a 21 h; domingo y festivos, de 9 h a 15 h. Resto del año, de 9 h a 17 h; domingo y festivos, de 10 h a 15 h. Lunes, cerrado.
Catedral y Museu Diocesà
Pla de la Seu, s/n. Telf. 977 238 685. Horario: del 1 de junio al 15 de octubre, de 10 h a 19 h. Del 16 de octubre al 15 de noviembre, de 10 h a 17 h. Del 16 de noviembre al 15 de marzo, de 10 h a 14 h. Del 16 de marzo al 31 de mayo, de 10 h a 18 h. Lunes y festivos, cerrado.

AIGUAMÚRCIA
Monasterio de Santes Creus
Telf. 977 638 329.
www.larutadelcister.info
Horario: del 16 de marzo al 15 de septiembre, de 10 h a 13.30 h y de 15 h a 19 h. Del 16 de septiembre al 15 de enero, de 10 h a 13.30 h y de 15 h a 17.30 h. Del 16 de enero al 15 de marzo, de 10 h a 13.30 h y de 15 h a 18 h. Lunes no festivos, cerrado. Última visita, 30 min. antes de cerrar. Martes, gratis.

ALTAFULLA
Villa romana de Els Munts
Passeig del Fortí, s/n.
Telf. 977 652 806. Horario: de marzo a mayo y octubre, de 10 h a 13.30 h y de 15 h a 18 h. De junio a septiembre, de 10 h a 13.30 h y de 16 h a 20 h. De noviembre a febrero, de 10 h a 13.30 h y de 15 h a 17.30 h. Domingo y festivos, de 10 h a 14 h. Lunes, cerrado.

AMPOSTA
Museu del Montsià
Gran Capità, 34. Telf. 977 702 954. www.museumontsia.org. Horario: de 11 h a 14 h y de 17 h a 20 h; domingo y festivos, de 11 h a 14 h. Lunes, cerrado.
Centre d'Interpretació de la Casa de la Fusta
Partida de la Cuixota, s/n.
Telf. 977 261 022.
Horario: de lunes a domingo, de 10 h a 14 h y de 15 h a 18 h.

BENIFALLET
Cuevas de Benifallet
Telf. 977 462 005.
Horario: del 1 de noviembre al 31 de marzo, sólo abre en fines de semana, puentes y festivos, de 10 h a 13.30 h y de 16 h a 18.30 h. Del 1 de abril al 31 de octubre, todos los días, de 10 h a 13.30 h y de 16 h a 19.30 h.

CAMBRILS
Museu d'Història de Cambrils
Verge del Camí, s/n (torre de la Ermita).
Telf. 977 362 056.

Horario: de septiembre a junio, sábado, domingo y festivos, de 11 h a 14 h. Julio y agosto, de martes a viernes, de 18 h a 21 h; sábado, domingo y festivos, de 11 h a 14 h.

CONSTANTÍ
Villa romana de Centcelles
Afores, s/n. Telf. 977 236 209.
Horario: de junio a septiembre, de 10 h a 13.30 h y de 16 h a 19.30 h. De octubre a mayo, de 10 h a 13.30 h y de 15 h a 17.30 h. Domingo y festivos, de 10 h a 13.30 h. Lunes, cerrado.

DELTEBRE
Ecomuseu del Parque Natural del Delta del Ebre
Dr. Martí Buera, 22. Telf. 977 489 679.
Horario: de mayo a septiembre, de lunes a sábado, de 10 h a 14 h y de 15 h a 19 h. Resto del año, de 10 h a 14 h y de 15 h a 18 h. Domingo y festivos, de 10 h a 14 h.

ESCALADEI
Cartuja de Escaladei
Camí de la Cartoixa, s/n.
Telf. 977 827 006.
Horario: del 1 de octubre al 31 de mayo, de 10 h a 13.30 h y de 15 h a 17.30 h. Del 1 de junio al 30 de septiembre, de 10 h a 13.30 h y de 16 h a 19.30 h. Lunes, cerrado.

L'ESPLUGA DE FRANCOLÍ
Cova-Museu de la Font Major y Cova de la Vila
Avda. de Catalunya, s/n.
Telf. 977 871 220.
www.covesdelespluga.info
Horario: de septiembre a junio, de martes a domingo, de 10.30 h a 13.30 h y de 16 h a 18 h. Julio y agosto, todos los días, de 10.30 h a 13.30 h y de 16.30 h a 19.30 h.
Museu de la Vida Rural
Canós, 16. Telf. 977 870 576.
Horario: de 10.30 h a 13.30 h y de 16 h a 18 h. Domingo y festivos, de 10.30 h a 13.30 h. Lunes, cerrado.
Museu del Vi
Celler Cooperatiu de L'Espluga de Francolí. Avda. Josep M. Rendé i Ventosa, 5. Telf. 977 871 220.
Horario: de 9.30 h a 13 h y de 15.30 h a 18.30 h; sábado y festivos, de 10 h a 14 h.

HORTA DE SANT JOAN
Centre Picasso d'Horta
Antiguo Hospital.
Telf. 977 435 330.
www.centrepicasso.cat
Horario: de martes a domingo, de 11 h a 13.30 h; sábado, también de 17 h a 20 h. Julio y agosto, de 11 h a 14 h y de 17 h a 20 h; sábado, también de 17 h a 20 h.
Cap de l'Ecomuseu dels Ports
Picasso, 18. Telf. 977 435 686.
Abierto durante las exposiciones.

MIRAVET
Castillo templario
Camí del Castell, s/n.
Telf. 977 407 368.
Horario: de octubre a mayo, de 10 h a 13.30 h y de 15 h a 17.30 h. De junio a septiembre, de 10 h a 13.30 h y de 16 h a 19.30 h. Lunes, cerrado.

MONTBLANC
Museu Comarcal de la Conca de Barberà
Josa, 6. Telf. 977 860 349.
www.mccb.cat
Horario: verano, de 10 h a 14 h y de 16 h a 19 h. Invierno, de 10 h a 14 h y de 17 h a 20 h. Domingo y festivos, de 10 h a 14 h. Lunes, cerrado.

POBLET
Santa Maria de Poblet
Telf. 977 870 254.
www.poblet.cat

MUSEOS Y OTRAS VISITAS

Horario: del 13 de octubre al 15 de marzo, de lunes a sábado, de 10 h a 12.45 h y de 15 h a 17.30 h; domingo y festivos, de 10 h a 12.30 h y de 15 h a 17.30 h. Del 16 de marzo al 12 de octubre, de lunes a sábado, de 10 h a 12.45 h y de 15 h a 18 h; domingo y festivos, de 10 h a 12.30 h y de 15 h a 17.30 h. Domingo y festivos del 15 de junio al 14 de septiembre, de 10 h a 12.30 h y de 15 h a 18 h.

REUS
Museu d'Art i Història de Reus
Pl. de la Llibertat, 13.
Telf. 977 010 662.
www.reus.net/museus
Horario: de 10 h a 14 h y de 17 h a 20 h. Domingo y festivos, de 11 h a 14 h. Lunes, cerrado.

RIUDECANYES
Castillo monasterio de Sant Miquel d'Escornalbou
Ctra. de Escornalbou, s/n.
Telf. 977 834 007.
Horario: del 1 de octubre al 31 de mayo, de 10 h a 13.30 h y de 15 h a 17.30 h. Del 1 de junio al 30 de septiembre, de 10 h a 13.30 h y de 16 h a 19 h. Lunes, cerrado.

RODA DE BARÀ
Centre Cívic La Roca Foradada
Roc de Sant Gaietà. Telf. 977 801 885.
Horario: invierno, de 10.30 h a 14 h y de 16 h a 19 h. Verano, de 10.30 h a 14 h y de 17.30 h a 21 h.

ROQUETES
Oficina del Parque Natural de Els Ports
Avda. Val de Zafán, s/n.
Telf. 977 500 845. Horario: invierno, de 10 h a 13 h y de 16 h a 18 h; sábado y vísperas de festivos, de 9 h a 13 h y de 16 h a 18 h; domingo y festivos, de 9 h a 13 h. Verano, de 10 h a 13 h y de 17 h a 19 h; sábado y vísperas de festivos, de 9 h a 13 h y de 17 h a 19 h; domingo y festivos, de 9 h a 13 h.

SALOU
Museo del Esmalte Contemporáneo
Arquebisbe Pere de Cardona, 1.
Telf. 977 383 235.
Horario: verano, de 19 h a 22 h; invierno, de 18 h a 21 h.

TORTOSA
Jardines del Príncipe
Subida al castillo de la Zuda.
Telf. 977 442 005.
Horario: del 1 de abril al 15 de septiembre, de 10 h a 13 h y de 16.30 h a 19.30 h. Resto del año, de 10 h a 13 h y de 15.30 h a 17.30 h. Domingo y festivos, de 10 h a 14 h. Lunes, cerrado.

VALLBONA DE LES MONGES
Monasterio de Vallbona de les Monges
Major, s/n. Telf. 973 330 266.
www.larutadelcister.info
Horario: todo el año, de 10 h a 13.30 h y por las tardes, del 16 de marzo al 15 de septiembre, de 15 h a 19 h. Del 16 de septiembre al 15 de enero, de 15 h a 17.30 h. Del 16 de enero al 15 de marzo, de 15 h a 18 h. Lunes no festivos, cerrado. Martes, visita gratuita.

VALLS
Museu de Valls
Passeig dels Caputxins, 18.
Telf. 977 606 654.
Horario: de martes a sábado, de 11 h a 14 h y de 17 h a 20 h. Domingo, de 11 h a 14 h.

EL VENDRELL
Museu Arqueològic del Vendrell
Santa Anna, 10.
Telf. 977 665 642.

INFORMACIONES PRÁCTICAS

Horario: invierno, de martes a viernes de 10 h a 14 h y de 17 h a 19 h. Verano, de 10 h a 14 h y de 18 h a 20 h. Sábado, de 11 h a 14 h y de 17 h a 20 h. Domingo, de 11 h a 14 h.

Casa natal de Pau Casals
Santa Anna, 2.
Telf. 977 665 642.
Horario: invierno, de martes a viernes de 10 h a 14 h y de 17 h a 19 h. Verano, de 10 h a 14 h y de 18 h a 20 h. Sábado, de 11 h a 14 h y de 17 h a 20 h. Domingo, de 11 h a 14 h.

Museu Pau Casals
Avda. Palfuriana, 67. Sant Salvador.
Telf. 977 684 276.
www.paucasals.org

Horario: del 16 de septiembre al 14 de junio, de martes a viernes, de 10 h a 14 h y de 16 h a 18 h; sábado, de 10 h a 14 h y de 16 h a 19 h; domingo y festivos, de 10 h a 14 h. Del 15 de junio al 15 de septiembre, de martes a sábado, de 10 h a 14 h y de 17 h a 21 h; domingo y festivos, de 10 h a 14 h.

Casa Museu Àngel Guimerà
Santa Anna, 10.
Telf. 977 665 642.
Horario: invierno, de martes a viernes de 10 h a 14 h y de 17 h a 19 h. Verano, de 10 h a 14 h y de 18 h a 20 h. Sábado, de 11 h a 14 h y de 17 h a 20 h. Domingo, de 11 h a 14 h.

Compras

PORTAVENTURA. MEDITERRÀNIA

Mas Fonoll
Justo antes de la entrada, esta tienda, ubicada en una casa payesa, es una especie de almacén general donde abastecerse de productos de primera necesidad para sobrevivir un día en el parque sin ningún tipo de problemas. Los menos previsores pueden comprar aquí gorras, impermeables y hasta cremas solares. También algún que otro *souvenir*, aunque lo más recomendable es esperar un poco. Ésta es sólo la primera tienda, lo mejor está por llegar.

Ca La Remei
Se llama así intentando convencer a los visitantes de que esto es una antigua casita mediterránea. Lo cierto es que es el hogar de el Pájaro Loco. Hay camisetas, llaveros, calcetines... todo tipo de objetos con su imagen. Los más demandados, los peluches.

Cal Cómic
Artículos y muñecos de personajes de dibujos animados de Universal Studios. El primer lugar donde adquirir la solicitadísima camiseta de Betty Boop.

La Casa del Retrat
Aquí se puede adquirir material fotográfico y artículos con la Photo Ride estampada, principalmente camisetas, pero también tazas o alfombrillas de ratón.

El Racó dels Vins Torres
Una pequeña tienda en la que comprar vinos, cavas y licores de la casa

COMPRAS

Torres, y degustar algunos de ellos. Está situada junto a la entrada del hotel PortAventura.

Tienda Universal Studios
Un paraíso para los más pequeños y para mitómanos varios. Es la única tienda en España con productos cien por cien Universal: artículos de *E.T. el Extraterrestre*, de *Parque Jurásico*, *Psicosis*... Y, además, sudaderas, mochilas, camisetas y otros objetos con la imagen de los dibujos animados más famosos de los estudios norteamericanos.

Caramel
Los golosos no deben pasar por alto esta tienda para abastecerse bien de todo tipo de chucherías antes de adentrarse en el parque. Ricas gominolas, caramelos, chicles... y piruletas de Woody.

Queviures
Estamos en Cataluña, en el corazón de la Costa Daurada, y aunque la mayoría de la gente que viene aquí no lo hace atraído por la gastronomía, no hay que olvidar que en esta tierra se come y se bebe muy bien. En Queviures es posible comprar cavas, vinos y chocolate con la etiqueta de PortAventura.

Records de PortAventura
Camisetas de Popeye, tops de la Pantera Rosa, vajillas enteras con la cara de Betty Boop... Ésta es la tienda más grande de PortAventura, con ropa, complementos y material fotográfico. Si uno se detiene mucho en ella nada más entrar, corre el peligro de perderse algún espectáculo. Mejor dejar las compras para el final. Hay que pasar por delante de una de sus dos puertas antes de marcharse.

Foto Entrada
Nada más poner un pie en PortAventura, un fotógrafo profesional persigue a los recién llegados para inmortalizarlos. Quien acepte hacerse la foto de rigor, sólo tiene que coger el tique que le dará el fotógrafo y acercarse hasta este *Photo Point*, camino de Polynesia, para recoger la instantánea con su marquito temático. Nadie está obligado a comprarla.

PORTAVENTURA. POLYNESIA

Quicksilver Boardriders Club
Bikinis, bañadores, collares, sandalias... Tienda de moda y complementos de la firma Quicksilver, la preferida por los surfistas. Aquí se viene a comprar y a mirar: hay cuatro pantallas que emiten las imágenes más increíbles del siempre atractivo mundo del surf.

Mers du Sud
Directamente traídos de los Mares del Sur, cientos de productos de decoración y todo tipo de objetos en una de las tiendas más espectaculares de PortAventura, no por sus dimensiones, pero sí por sus contenidos. Merece la pena hacer parada aquí y comprar, por ejemplo, un pareo, una camisa hawaiana o incluso unas maracas o un bumerán. Figuras de madera y cubiertos de coco, además de abalorios muy polinesios.

Tutuki Splash Shop
Justo al lado de la atracción con la que comparte nombre, tienda de *souvenirs* donde venden camisetas y bikinis con la marca Tutuki. Para buscar repuesto si la ropa ha quedado hecha un asco una vez finalizado el viaje por la montaña rusa de agua.

Sea Odyssey Shop
Después de buscar por el fondo de los mares un submarino hundido, existe la posibilidad de comprar todos los *souvenirs* de tan peculiar atracción, así como a sus personajes, convertidos en llaveros, muñecos, peluches... La estrella es, como no podía ser de otra forma, el delfín Samy.

PORTAVENTURA. CHINA

Lotus Palace
Ubicada frente a la atracción de las **Tea Cups**, Lotus Palace es, junto a la de **Mers du Sud** del área polinesia, la mejor tienda de cuantas pueblan PortAventura. El visitante podrá comprar objetos importados del Lejano Oriente, admirar y adquirir todo tipo de piezas acordes con esta área temática: dragones de madera pintados a mano, jarrones de porcelana, sombrillas, quimonos y juegos de escritorio para aprender el arte caligráfico.

Aventura Oriental
Todos los productos de PortAventura: camisetas, muñecos...

Woody's Photo Studio
No es una atracción, pero siempre hay cola a la puerta del Woody's Studio que recrea una antigua tienda china de fuegos artificiales. Los niños querrán hacerse una foto con la mascota del parque a toda costa y éste es el mejor lugar. Los grandes querrán sentirse protagonistas, por ejemplo, de la película *Parque Jurásico* y formar parte de un fotomontaje perfectamente elaborado junto a Sam Neil, Jef Goldblum o Laura Dern. Curioso.

Dragon Khan Shop
Como su nombre bien indica, esta tienda se encuentra al pie mismo de la superatracción del parque. Venden todo tipo de *souvenirs* con la marca de Dragon Khan. ¿Lo más solicitado? Las gorras.

PORTAVENTURA. MÉXICO

El Diablo Shop
Todos los *souvenirs* que imaginarse puedan (y alguno más) relacionados con el **Tren de la Mina**.

Bazar del Templo
Lo mismo que el anterior, sólo que en esta ocasión la referencia es el **Templo del Fuego**.

Tianguis
Frente a **La Hacienda**, productos originales y artesanales procedentes de la selva maya: marionetas, vestidos, bordados, camisas, fruta de papel maché...

Taxco
Tienda un poco más exclusiva, con telas y objetos autóctonos en plata, barro y vidrio. Preciosos anillos.

Hurakan Condor Shop
En ella se puede comprar la foto hecha en lo alto de la torre, y un amplio surtido de recuerdos.

PORTAVENTURA. FAR WEST

Tienda Pink Panther
Aquí manda ella, la inigualable Pantera Rosa. Camisetas, peluches, tazas... todo con su característica imagen. La tienda se halla al lado mismo del **Tomahawk**.

Stampida Shop
Souvenirs de la atracción.

Chilly Willy's Candy Store
Tienda de caramelos y golosinas. Piruletas del Pájaro Loco.

C.S. Fly's Photograph Studio
El visitante puede hacer dos cosas para sentirse más involucrado en el ambiente. Una, subirse al patíbulo, meter la cabeza en la soga y simular ser un ahorcado para que sus amigos, aparte de reírse, le hagan una foto; o entrar al estudio fotográfico que hay justo al lado. Hacen fotos en cinco minutos y en blanco y negro de la forma más original posible. El cliente elige vestuario (*sheriff*, pistolero, chica de *saloon*) e incluso el escenario (un carromato, una bañera...).

Western Clothing Company
Todo tipo de complementos y ropa para los amantes del estilo vaquero. Moda a la última, a precios acordes a la calidad de los productos que ofrece.

COMPRAS

General Store
A la entrada de esta tienda siempre se acumula un buen número de personas. No hay que asustarse: hacen turno no para comprar, sino para posar junto al indio que hay situado al lado de la puerta. Una vez hecha la instantánea de rigor, en el interior hay un sinfín de juguetes, caramelos y artículos relacionados con los personajes del parque. Camisetas de Betty Boop, muñecos de Popeye... incluso tirachinas.

Grand Canyon Shop
Souvenirs de la atracción.

CARIBE AQUATIC PARK

Caribe Aquatic Park Shop
Además de poder adquirir *souvenirs* típicos del parque, en esta tienda de aires muy caribeños venden desde bañadores y pantalones cortos hasta cámaras de fotos. También pareos, bronceadores, pulseras...

PROVINCIA DE TARRAGONA
Las mejores compras que se pueden realizar en la provincia de Tarragona son gastronómicas (quesos, embutidos, dulces y vinos, principalmente). Para llevarse algo de recuerdo a casa, aunque vaya a durar poco, sugerimos acercarse hasta la comarca de la Conca de Barberà. Estas son algunas direcciones de interés:

TARRAGONA

El Rebost
Cós del Bou, 11, bajos.
Telf. 977 245 158. Productos de Tarragona y otras comarcas catalanas, como arroz del delta, vinos del Priorato, dulces típicos, aceites...

L'ESPLUGA DE FRANCOLÍ

Pastisseria Cobo
Torres Jordi, 8.
Telf. 977 870 159.
Una de las muchas pastelerías de L'Espluga en la que venden los típicos *carquinyolis* –dulces secos, ideales para acompañar con vino– con denominación de origen comarcal desde 1888.

Cooperativa Agrícola de L'Espluga de Francolí
Josep M. Rendé, 5.
Telf. 977 870 105.
Excelentes vinos tintos y rosados, elaborados en el *celler*.

MONTBLANC

Confitería Viñas
Carrer Major, 47. Telf. 977 860 158.
La especialidad de la casa son los *montblanquines,* almendras caramelizadas, pero también venden los famosos *rifaclis* o *ventalls* (abanicos).

INFORMACIONES PRÁCTICAS

Alojamiento

PORTAVENTURA

En el interior de PortAventura existen tres hoteles tematizados que pronto serán cuatro en cuanto se inaugure el que se construye en el área del Far West. Todos ofrecen multitud de ventajas a sus huéspedes, entre las que destacan las siguientes: acceso ilimitado a PortAventura y también a Caribe Aquatic (1 día o con descuento entre el 15 de junio y el 15 de septiembre, en función de los días de estancia), reserva preferente en restaurantes, desayuno con los personajes Universal, servicio PortAventura Express (ver pág. 6), servicio Pick Up de recogida de compras, acceso y transporte gratuitos al Beach Club (sólo para clientes de los hoteles Caribe y PortAventura) y entrega de la PortAventura Pass, que es tanto llave de la habitación como tarjeta para identificarse en el *resort* y cargar los gastos de tiendas y restaurantes.

Reservas en el telf. 902 202 041 o en www.portaventura.es

Hotel PortAventura★★★★

A la entrada misma de PortAventura y a unos pasos de Caribe Aquatic, este complejo hotelero que ocupa ocho hectáreas recrea al detalle un pintoresco pueblo de pescadores del litoral catalán. Sus 500 habitaciones comparten una cuidada decoración mediterránea muy acogedora. Se encuentran repartidas en tres edificios de baja altura, en torno a un jardín, un lago, tematizado con barcas y redes, y dos piscinas con catarata incluida (una de ellas para los niños). Ofrece toda clase de servicios –desde alquiler de coches hasta programas de animación infantil– y múltiples instalaciones: centro de *fitness*, pista de tenis, tiendas, bares y pubs, escenario, 9 salas de convenciones, 6 restaurantes y un largo etcétera. Además, en el edificio Can Llevant se ubica el Club Woody & Friends, pensado para los más pequeños y con habitaciones ambientadas en el mundo del Pájaro Loco.

Habitación doble: 94-144 €.

Hotel El Paso★★★★

Situado a cinco minutos de las entradas a los parques, es aún más entrañable que el hotel PortAventura. Aquí no hay sitio para los negocios, sólo para las familias. Recrea minuciosamente la rica y vibrante cultura de México, combinando elementos coloniales y mayas. Se levanta alrededor de una gigantesca pirámide, un apacible jardín y una amplia piscina, dividida en dos áreas; la zona infantil es un verdadero paraíso que cuenta, entre otros divertimentos, con un galeón para que los chavales buceen entre sus restos en busca de algún tesoro. La zona para adultos dispone de *jacuzzi* y un bar flotante.

El hotel cuenta con 500 habitaciones, de tonos ocres y mobiliario rústico, distribuidas en seis edificios.

Habitación doble: 78-122 €.

Hotel Caribe★★★★sup.

Un espectacular hotel que recuerda a los *resorts* caribeños y hasta dispone de piscina con arena y cinco hectáreas de jardines tropicales.

Las 503 habitaciones se distribuyen en 14 edificios, cada uno con el nombre de una isla antillana, y las más lujosas son las 27 del Club San Juan, con restaurante propio, piscina privada y otros servicios exclusivos.

El hotel cuenta además con un centro *wellness*, cuatro restaurantes, diversos bares y tiendas para todos los gustos.

Habitación doble: 90-144 €.

ALOJAMIENTO

TARRAGONA

Hotel Ciutat de Tarragona★★★★
Plaça Imperial Tarraco, 5.
Telf. 977 250 999.
www.hotelciutatdetarragona.com
Uno de los más modernos de Tarragona, en una plaza de la parte más nueva de la ciudad, no demasiado lejos del núcleo histórico.
Habitación doble: 110-150 €.

Hotel Husa Imperial Tarraco★★★★
Passeig de les Palmeres, s/n.
Telf. 977 233 040. www.husa.es
Es innegable que la ubicación es su principal atractivo, junto al Balcón del Mediterráneo, con vistas al anfiteatro. Habitación doble: 60-140 €.

Hotel AC Tarragona★★★★
Avda. de Roma, 8. Telf. 977 247 105.
www.ac-hotels.com
Hotel de nueva construcción en el centro de la ciudad.
Habitación doble: 60-110 €.

Hotel Astari★★★
Via Augusta, 95. Telf. 977 236 900.
www.hotelastari.com
Junto a la carretera, funcional.
Habitación doble: 60-95 €.

Hotel Lauria★★★
Rambla Nova, 20.
Telf. 977 236 712. www.hlauria.es
Cuenta con una muy buena ubicación, en la arteria principal de la ciudad.
Habitación doble: 64-75 €.

Hotel Plaça de la Font
Plaça de la Font, 26. Telf. 977 246 134.
www.hotelpdelafont.com
Un hotelito de ambiente familiar situado en pleno centro histórico.
Habitación doble: 55-70 €.

ALCANAR

Tancat de Codorniu
N 340, km 1.059. Telf. 977 737 194.
www.tancatdecodorniu.com
Espléndida masía del siglo XIX convertida en hotel, muy cerca del Parque Natural del Delta del Ebro. Para olvidarse del mundo.
Habitación doble: 120-170 €.

ALTAFULLA

La Torreta★★
Camí del Prat, 28-30.
Telf. 977 650 156.
www.hotellatorreta.com
Hotel veraniego, muy cerca de la playa.
Habitación doble: 52-90 €.

AMPOSTA

Hotel Montsià★★
Avda. de la Ràpita, 8.
Telf. 977 701 027.
www.hotelmontsia.com
Correcto y funcional hotel situado en el mismo centro de Amposta. Dispone de 52 habitaciones correctamente equipadas.
Habitación doble: 60-75 €.

CAMBRILS

Hotel Hesperia Centurión★★★★
Avda. Diputació, 70.
Telf. 977 361 450. www.hesperia.es
En primera línea de playa, rodeado de pinos. Habitación doble: desde 65 €.

Hotel César Augustus★★★
Avda. Diputació, 195. Telf. 977 381 808. www.augustushotels.es
Gran hotel por sus dimensiones (160 habitaciones). Renovado en 2006.
Habitación doble: 34-108 €.

Hotel Termes Montbrió★★★★
Carrer Nou, 38. **Montbrió del Camp** (a 6 km). Telf. 902 930 400.

www.rocblanc.com
Balneario-hotel de lujo ubicado en un antiguo palacio modernista.
Habitación doble: 110-150 €.

DELTA DEL EBRO
Hotel Rull★★★
Avda. Esportiva, 155. **Deltebre**.
Telf. 977 487 728. www.hotelrull.com
Hotel de interiores modernos en pleno parque natural.
Habitación doble: 68-95 €.

ESCALADEI
Pensión Els Troncs★★
Rambla, 30. Telf. 977 827 158.
Habitaciones cómodas en un entorno realmente idílico. Trato familiar muy agradable.
Habitación doble (m. p.): 65 €.

L'ESPLUGA DE FRANCOLÍ
Masía de Cadet★★★
Les Masíes de Poblet.
Telf. 977 870 869.
www.masiadelcadet.com
Sólo 12 habitaciones en un hotel donde la luz y el silencio son los auténticos protagonistas. Trato familiar y entorno único.
Habitación doble: 125-130 €.
Villa Engracia
Les Masíes de Poblet.
Telf. 977 870 308.
www.villaengracia.com

Este complejo de turismo rural está formado por un coqueto hotel y por una serie de apartamentos para quien quiera una mayor comodidad e intimidad (todos con chimenea).
Habitación doble: 75 €.
Apartamentos 2-8 plazas: 75-150 €.
Hostal El Senglar★★
Pl. de Montserrat Canals, s/n.
Telf. 977 870 121.
www.hostaldelsenglar.com
Sencillo y acogedor hostal con unos equipamientos superiores a su categoría, como piscina y pista de tenis.
Habitación doble: 70-139 €.

FALSET
Hostal Sport★★★
Miquel Barceló, 4-6.
Telf. 977 830 078.
www.hostalsport.com
Moderno, funcional y con un estupendo restaurante.
Habitación doble: 85 €.

GANDESA
Hotel Piqué★
Avda. de Catalunya, s/n.
Telf. 977 420 068.
www.hotelpique.com
Sencillo hotel, con un buen restaurante. Habitación doble: 45 €.

HORTA DE SANT JOAN
Hotel Miralles★★
Avda. de la Generalitat, 19-21.
Telf. 977 435 555.
www.hotelmiralles.com
Hotel situado en el mismo centro de Horta de Sant Joan.
Habitación doble: 67-114 €.

MIRAVET
Mas La Torre
Afores, s/n. Telf. 977 407 123.
Casa rural rodeada de melocotoneros y decorada con objetos antiguos.
Habitación doble: 40 €.

ALOJAMIENTO

MONTBLANC

Fonda dels Àngels★★
Plaça del Àngels, 1.
Telf. 977 860 173. Coqueto hotel en pleno centro de Montblanc. Servicio esmerado.
Habitación doble: 40 €.

REUS

Hotel NH Ciutat de Reus★★★★
Avda. Marià Fortuny, 85.
Telf. 977 345 353.
www.nh-hoteles.es
Junto al Palacio de Congresos y a cinco minutos del centro.
Habitación doble: desde 61 €.

Hotel Gaudí★★★
Arrabal Robuster, 49.
Telf. 977 345 545.
www.hotelgaudireus.com
Buena ubicación, en pleno centro.
Habitación doble: desde 56 €.

SALOU

Hotel Casablanca Playa★★★
Passeig Miramar, 12.
Telf. 977 380 107.
En primera línea de playa, muy céntrico y bien comunicado.
Habitación doble: 70-125 €.

Hotel Regente Aragón★★★
Llevant, 5. Telf. 977 352 002.
www.hotelregentearagon.com
Modernas instalaciones a 100 m de la playa. Bastante céntrico. Ofrece trato familiar.
Habitación doble: 57-113 €.

SANT CARLES DE LA RÀPITA

Hotel La Ràpita★★★
Pl. de Lluís Companys, s/n.
Telf. 977 741 507.
www.medsur-hoteles.com
Situado a tan sólo 200 metros del paseo marítimo. Funcional y perfectamente equipado.
Habitación doble (con pensión completa): 60-150 €.

TORTOSA

Parador de Tortosa★★★★
Castillo de la Zuda, s/n.
Telf. 977 444 450. www.parador.es
En lo alto de una colina, sobre el casco antiguo de Tortosa, el parador ocupa parte del castillo de la Zuda. Aires medievales.
Habitación doble: 159-172 €.

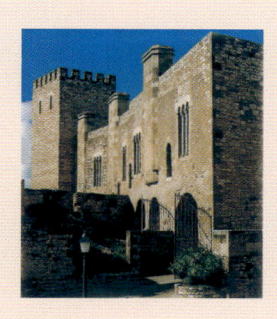

Hotel Tortosa Parc★★
Comte de Bañuelos, 10.
Telf. 977 446 112.
www.hoteltortosaparc.com
Funcional y eficiente.
Habitación doble: 50-62 €.

VALLS

Félix Hotel★★★
Ctra. de Tarragona, km 17.
Telf. 977 609 090.
www.felixhotel.net
Acogedor y tranquilo. Hotel de restaurante Casa Félix, especializado en *calçotades*.
Habitación doble: 68-78 €.

EL VENDRELL

Hotel Europe Sant Salvador★★★
Llobregat, 11. Sant Salvador.
Telf. 977 684 041.
www.hoteleuropesansalvador.com
Hotel de verano situado a 150 metros de la playa. Cierra de octubre a abril.
Habitación doble: 64-129 €.

INFORMACIONES PRÁCTICAS

Transportes y comunicaciones

POR CARRETERA
Tres autopistas atraviesan la Costa Daurada: la C 32 (Barcelona-El Vendrell), la del Mediterráneo (AP 7, La Jonquera-Alicante y sur de España), y la del Norte (AP 2), que comunica el País Vasco con Barcelona y el norte de Cataluña, pasando por Tarragona. Otras carreteras que cruzan la provincia de Tarragona son la N 240 (hacia Lleida y Zaragoza) y la N 340 (Barcelona-Levante, por la costa), además de alguna secundaria.

TRANSPORTE URBANO
Autobuses urbanos de Tarragona
E.M.T. Pere Martell, 1.
Telf. 977 543 244.

FERROCARRIL
Estaciones de tren
Pl. Pedrera. Comerç, s/n. **Tarragona.**
Passeig Mata, s/n. **Reus.**
Plaça de la Estació, s/n. **Valls.**
La Rambla, s/n. **El Vendrell.**
Renfe. Telf. 902 240 202.

AEROPUERTO DE REUS
Autovía Reus-Tarragona, km 3.
Telf. 977 778 491.

AUTOBUSES
Estaciones de Autobuses
Pl. Imperial Tarraco, s/n. **Tarragona.**
Telf. 977 229 126. Hasta aquí llegan, entre otros, los autobuses procedentes de Madrid y Barcelona.
Avda. Jaume I, s/n. **Reus.**
Telf. 977 751 480.
Adrià d'Utrech, s/n. **Tortosa.**
Telf. 977 440 300.
Anselm Clavé, s/n. **Valls.**
Telf. 977 606 596.
Autocares Plana
Telf. 977 354 445.
www.autocarsplana.com
Autobuses Hife
Telf. 902 119 814. www.hife.es

TAXIS EN TARRAGONA
Agrupació Ràdio Taxi
Telf. 977 236 064.
www.taxi-tarragona.com

ALQUILER DE COCHES

TARRAGONA
Avis. Pl. Pedrera, 2. Telf. 902 023 007.
www.avis.es
Hertz. Aeropuerto Reus.
Telf. 977 779 872. www.hertz.com

SALOU
Europ Rent
Penedès, 12. Telf. 977 384 137.
Europcar
Rambla del Parc (hotel El Paso, PortAventura). Telf. 977 351 194.
www.europcar.es

Información turística

COSTA DORADA
Patronato de Turismo de la Diputación de Tarragona Costa Dorada
Passeig Torroja, s/n. Tarragona.
Telf. 977 230 312.
www.costadaurada.org

ALTAFULLA
Marquès de Tamarit, 16.
Telf. 977 651 426. www.altafulla.cat

L'AMETLLA DE MAR
Sant Joan, 55 b. Telf. 977 456 477.
www.ametlladmar.org

INFORMACIÓN TURÍSTICA

L'AMPOLLA
Plaça González Isla, s/n.
Telf. 977 593 011. www.ampolla.org

AMPOSTA
Avda. Sant Jaume, 1. Telf. 977 703 453.
www.turismeamposta.cat

CAMBRILS
Passeig de les Palmeres, s/n.
Telf. 902 154 741.
www.cambrils-turisme.com

COMA-RUGA / EL VENDRELL
Avda. Brisamar, 1. Telf. 977 680 010.
www.elvendrellturistic.com

DELTA DEL EBRO
Plaça Vint de Maig. **Deltebre.**
Telf. 977 489 309. www.deltebre.org
Casa de Fusta. Partida de la Cuixeta, laguna de la Encanyissada. **Poblenou del Delta.** Telf. 977 261 022.

L'ESPLUGA DE FRANCOLÍ
Plaça Mil·lenari, 1. Telf. 977 871 220.
www.espluga.altanet.org

FALSET
Sant Marcel, 2. Telf. 977 831 023.
www.turismepriorat.org

GANDESA
Avda. de Catalunya, 3-5.
Telf. 977 420 910.
www.gandesa.altanet.org

HORTA DE SANT JOAN
Pl. de Catalunya, s/n.
Telf. 977 435 043.
www.hortadesantjoan.es

MIRAVET
Riu, 14. Telf. 977 057 047.
www.miravet.altanet.org

MONTBLANC
Antiga Església St. Francesc.
Telf. 977 861 733.
www.montblancmedieval.cat

POBLET-VIMBODÍ
Passeig Abat Conill, 9.
Telf. 977 871 247.
www.concadebarbera.info

PRADES
Pl. Major, 2. Telf. 977 868 302.
www.prades.es

REUS
Pl. Mercadal, 3. Telf. 902 360 200.
www.reus.cat/turisme

SALOU
Passeig Jaume I, 4. Telf. 977 350 102.
www.isalou.info

SANT CARLES DE LA RÀPITA
Pl. Carles III, s/n. Telf. 977 744 624.
www.turismesantcarlesdelarapita.org

TARRAGONA
Major, 39. Telf. 977 250 795.
www.tarragonaturisme.cat
Fortuny, 4. Telf. 977 233 415.
www.catalunyaturisme.cat

TORREDEMBARRA
Rafael Campalans, 10.
Telf. 977 644 294.
www.turismetorredembarra.cat

TORTOSA
Pl. Carrilet, 1. Telf. 977 449 648.
www.tortosa.es

VALLS
Carrer de la Cort, 61.
Telf. 977 612 530. www.valls.cat
Passeig de l'Estació, 42 b.
Telf. 977 606 287. www.altcamp.org

VILA-SECA / LA PINEDA
Patró, 10. Telf. 977 390 362.
www.lapinedaplatja.com

Índice de lugares

PORTAVENTURA, 24-51

Caribe Aquatic Park, 49-51

Atracciones, 50-51
 Barracudas, 50
 Junior Body Slides, 51
 Laguna de Woody, La, 51
 Mambo and Limbo, The, 50
 Tifón, El, 50
 Torrente, El, 50
 Triángulo de las Bermudas, El, 50
Espectáculos, 51
 Noches del Caribe, 51

PortAventura, 27-47

China, 34-38

Atracciones, 34-36
 Área Infantil, 34
 Cobra Imperial, 34
 Dragon Khan, 35
 Fumanchú, 36
 Tea Cups, 34
 Waitan Port, 34
Espectáculos, 36-38
 Bubblebou, 37
 China Town, 38
 Fantasía mágica de China, 38
 Misterio de Jing Chou, El, 37
 Perla del dragón, La, 37
 Sol de Oriente, El, 37
 Xian-Mei y el pequeño
   oso panda, 37
 Xu Xop Xou, 36

Far West, 42-47

Atracciones, 42-45
 Buffalo Rodeo, 44
 Carrousel, 43
 Crazy Barrels, 44
 Grand Canyon Rapids, 45
 Penitence Station, 43
 Silver River Flume, 44
 Stampida, 42
 Tomahawk, 42
 Volpaiute, 43
 Wild Buffalos, 44
Espectáculos, 45-46
 Forajidos de Penitence, Los, 45
 Fort Frenzee, 45
 Maverick, el tahúr, 46
 Penitence Dixie Band, 45
 The Can Can Show, 46

Mediterrània, 28-29

Atracciones, 28-29
 Estació del Nord, 28
 Port de la Drassana, 28
Espectáculos, 29
 Acquamusic, 29
 Fiestaventura, 29

México, 39-41

Atracciones, 39-41
 Armadillos, 40
 Diablo-Tren de la
   Mina, El, 39
 Potrillos, Los, 39
 Serpiente Emplumada, 40
 Templo del Fuego, El, 40
 Yucatán, 40
Espectáculos, 41
 México en vivo, 41
 Ritmos de América, 41

Polynesia, 30-33

Atracciones, 30-32
 Canoes, 32
 Kon-tiki Wave, 32
 Loco-loco Tiki, 31
 Sea Odyssey, 30
 Tami-tami, 32
 Tutuki Splash, 30
 Waikiki, 31
Espectáculos, 32-33
 Aloha Tahití, 32
 Aves del Paraíso, 32
 Isla Buffet, 33
 Noches de fuego
   en Tahití, 33
 Pareos en Bora-Bora, 33

ÍNDICE DE LUGARES

TARRAGONA (CIUDAD), 52-75

Anfiteatro romano, 60, 70
Arrabassada, playa de l', 71
Arxiu Històric de Tarragona, 67
Ayuntamiento, 67

Balcón del Mediterráneo, 70

Call, 63
Cámara de Comercio, 69
Capilla de Santa Tecla, 65
Casa Batlle, 66
Casa Canals, 67
Casa Castellarnau, 66
Casa Foxà, 66
Casa Montoliu, 66
Casa Salas, 69
Catedral, 64
Cavallers, calle, 66
Circo romano, 58
Colegio de las Teresianas, 69
Conservatori de Música, 66
Cossis, playa de, 71

Fábrica de Tabacos, 69
Faro, 71
Foro local, 57, 61
Fortín de Sant Antoni, 68
Fortín de la Reina, 68
Fortín Negre, 68
Fuente del Centenario, 57

Iglesia de la Mare de Déu del Miracle, ruinas de la, 61
Iglesia de Sant Agustí, 67

Mercado Central, 70
Miracle, playa del, 70
Monumento a los Castellers, 57
Monumento a los Héroes de 1811, 64
Muralleta, 63
Museu d'Armes Antigues, 67
Museu d'Art Modern, 63
Museu d'Història de Tarragona, 60
Museu Nacional Arqueològic, 57
Museo Paleocristiano, 62

Necrópolis Paleocristiana, 62

Palacio de la Cambreria, 65
Paseo Arqueológico, 56
Plaça de la Font, 66
Plaça de Representación del Foro Provincial, 57
Plaça dels Àngels, 63
Plaça Imperial Tarraco, 69
Portal de Sant Antoni, 68
Portals dels Socors, 55
Puerto, 71
Puerto deportivo, 71

Rambla Nova, 69
Rambla Vella, 67

Serrallo, El, 71

Teatro Metropol, 69
Torre de l'Arcabisbe, 68
Torre de les Monges, 63
Torre de Minerva, 55
Torre del Cabiscol, 55
Torre del Pretorio, 59

Via Augusta, 56, 73
Via de l'Imperi Romà, 56, 67

TARRAGONA (PROVINCIA), 76-115

Altafulla, 79
Ampolla, L', 107
Amposta, 102
Arc de Berà, 75

Benifallet, 113

Cala Crancs, 98
Cala Font, 98
Cala Tamarit, 82
Cambrils, 96
Cantera del Mèdol, 74
Cartuja de Santa Maria de Escaladei, 100
Castillo-monasterio de Escornalbou, 99
Coma-ruga, 85

ÍNDICE DE LUGARES

Constantí, 99
Cornudella de Montsant, 100

Deltebre, 103

Escaladei, 100
Espluga de Francolí, L', 91

Falset, 111
Fangar, puerto del, 107

Gandesa, 114

Horta de Sant Joan, 115

Isla de Buda, 107
Isla de Sant Antoni, 107

Laguna de l'Encanyissada, 107
Laguna de la Tancada, 107

Mausoleo de Centcelles, 74
Miravet, 112
Monasterio de Santa Maria de Poblet, 92
Monasterio de Santes Creus, 86
Monasterio de Vallbona de les Monges, 94
Mont Caro, 110
Montblanc, 89
Móra d'Ebre, 112
Morera de Montsant, 100
Munts, villa romana de Els, 79

Parque Natural de Els Ports de Beseit, 110

Parque Natural del Delta del Ebro, 104
Playa de la Marquesa, 107
Playa de Llevant, 98
Playa del Trabucador, 102
Playa dels Capellans, 82
Pont del Diable (acueducto romano), 73
Prades, 101
Priorat, 111
Punta del Fangar, 107

Reus, 98
Roda de Barà, 75, 83

Salou, 97
Salto de la Reina Mora, 101
Sant Carles de la Ràpita, 102
Sant Jaume d'Enveja, 107
Sant Salvador, 85
Santa Maria de Montblanc, iglesia de, 89
Santa Maria de Poblet, monasterio de, 92
Santes Creus, Monasterio de, 88
Sierra de Montsant, 100
Sierra de Prades, 93
Siurana de Prades, 101

Torre de los Escipiones, 74
Torredembarra, 82
Tortosa, 108

Valls, 88
Vendrell, El, 85

Xerta, 114